LA ORQUESTA Y SUS INSTRUMENTOS

CONOCE LOS INSTRUMENTOS MUSICALES DE UNA ORQUESTA

EDGAR MARTÍN

www.instrumentosmusicales.guiaburros.es

EDITATUM

Diseño de cubierta: © Looking4

Maquetación de interior: © Editatum

Primera edición: Febrero de 2019

Segunda edición: noviembre de 2025

ISBN: 978-84-17681-14-2

Depósito legal: M-11042-2019

Impreso en España/ Printed in Spain

Te invitamos a registrar la compra de tu libro o *e-book* dándote de alta en el **Club GuíaBurros**, obtendrás directamente un cupón de **2€ de descuento** para tu próxima compra.

Además, si después de leer este libro lo has considerado útil e interesante, te agradeceríamos que hicieras sobre él una **reseña honesta en cualquier plataforma de opinión** y nos enviaras un *e-mail* a **opiniones@guiaburros.es** para poder, desde la editorial, enviarte como **regalo otro libro de nuestra colección.**

Agradecimientos

Querido lector, antes de comenzar con la lectura de este viaje a través de los instrumentos, quiero agradecer de todo corazón a las personas que han hecho posible la escritura de este libro, y a los que considero los auténticos autores: José Luis Campos, Sixto Franco, Alba Clemente, Jacob Reguilón, Marta García-Patos, Raquel Vázquez, Emma Mendo, Fátima Mazcuñán, Laura Usano, Sergio de Juan, María José García, David Ruiz, Daniel Pérez, Jorge S. Valera, Yago Mahúgo, Adriana Gómez, Gloria del Pino. Ellos son los artífices de escribirnos sus capítulos desde su experiencia vital del día a día con su instrumento y quienes han hecho posible que se escriba este libro sobre los instrumentos con un formato novedoso y mucho más humano. Gracias a todos.

Por supuesto, agradecer a Sebastián Vázquez su confianza que ha depositado siempre en mí y ofrecerme la maravillosa aventura de escribir este segundo libro.

Por último, agradecer a toda mi familia y a mi querida Irene su apoyo incondicional que me aporta la energía diaria para trabajar al máximo y poder ofrecer siempre lo mejor de mí.

Sobre el autor

Edgar Martín es Director de orquesta, maestro y divulgador musical. Cómo director de orquesta ha dirigido diferentes formaciones por todo el mundo, Argentina, República Checa, Ucrania, Estados Unidos, República Dominicana, etc.

Como maestro ha tenido la suerte de aprender de muchos alumnos durante estos más de veinte primeros años de carrera pedagógica.

Como divulgador musical ha participado en diferentes proyectos como ponente y comisario para acercar la música clásica a públicos muy diferentes. También ha colaborado en diferentes cadenas de radio y televisión haciendo cercana la música clásica.

Un punto clave en su vida fue el verano del año 2011 en el que estuvo colaborando en Camboya con niños en situación desfavorable y formó un coro de más de seiscientos niños camboyanos para cantar la novena sinfonía de Beethoven y desde la música intentar hacer de su día a día algo más bonito. Actualmente es director de la Orquesta Sinfónica Camerata Musicalis con la que está llevando a cabo su proyecto de divulgación musical *¿Por Qué Es Especial?* Un concierto en el que en la primera parte explica de una manera llana y divertida la obra que se interpreta en la segunda parte del concierto.

Índice

Introducción

Querido lector:

En este libro vamos a descubrir los diferentes instrumentos de la orquesta. Sintiéndolo mucho, no aparecerán todos los instrumentos que existen, pero sí todos los que son más comunes en la orquesta cuando vamos a un concierto.

Como veremos a lo largo del libro, estos instrumentos se dividen en familias. Los violines, violas, violonchelos y contrabajos pertenecen a la familia de la cuerda frotada; la flauta, oboe, clarinete y fagot, a la familia del viento madera; la trompa, trompeta, trombón y tuba, a la familia de viento metal; los timbales, platos, bombo, caja, etc., a la familia de los instrumentos de percusión. Como observamos, cada una de estas familias podríamos decir que tiene cuatro instrumentos divididos de agudo* a grave*, como si de un coro se tratase, formando las cuatro voces principales: soprano, contralto, tenor y bajo, o diciéndolo con otras palabras: agudo*, medio agudo, medio grave y grave*.

Para escribir este libro, querido lector, he contado con la inestimable ayuda y colaboración de mis compañeros de orquesta, los cuales han escrito los diferentes capítulos individuales de los instrumentos. La intención de este formato es otorgarle más personalidad a cada uno de los instrumentos; al mismo tiempo, usted podrá observar también cómo la personalidad del músico muchas veces va ligada directamente a la personalidad del instrumento. Es muy interesante observar que muchas veces la personalidad de los diferentes instrumentistas es similar al instrumento que tocan: los violinistas son de una determinada manera, los clarinetistas son de otra... ¿El músico hace al instrumento o el instrumento hace al músico? Es una pregunta que me hago muchas veces, ya que si bien es normal generalizar diciendo que los nacidos bajo el signo de Tauro son unos cabezotas, podemos también generalizar diciendo que los oboístas son detallistas y delicados. Personalmente, creo que es debido a las horas que pasan con su instrumento.

Me gustaría aclarar en esta introducción tres conceptos que usted, ávido lector, se va a encontrar varias veces a lo largo de los capítulos que han escrito mis compañeros. Se trata de la distinción entre estudiar, calentar y ensayar.

Estudiar: cuando un músico se encierra en su cuarto con su instrumento, lo que hace es estudiar, generalmente entre dos y ocho horas diarias. Durante el estudio practicamos la agilidad de nuestros movimientos en el instrumento y también buscamos la mejor sonoridad posible de este, para luego aplicarlo a la obra que tengamos que interpretar. Así mismo, también estudiamos las diferentes partituras que tendremos que interpretar durante el ensayo para que nos sepamos todas las notas casi de memoria. Por eso, escuchar estudiar a cualquier músico puede ser algo tedioso, ya que nos podemos pasar mucho tiempo con un solo pasaje, para que salga perfecto en cuanto a calidad de sonido y afinación*.

Calentar: cuando decimos o utilizamos la palabra «calentar», nos referimos a tocar un poco el instrumento antes del ensayo y estar, tanto la persona como el instrumento, preparados para empezar a tocar «en serio». Un deportista lo entenderá bien: no podemos empezar a correr sin antes haber calentado un poco los músculos. Pues en música nos ocurre igual.

Ensayar: el ensayo debemos empezarlo calientes y con la partitura estudiada. Si pensamos en un actor, seguro que lo entendemos… Un actor no va al ensayo de una obra de teatro a estudiarse el papel y aprenderse su texto, ¿verdad? El texto lo estudia en casa y en el ensayo pone más énfasis en unas palabras o en otras, con unos gestos o con otros, para que el diálogo con sus compañeros funcione correctamente. El director de escena detiene muchas veces el ensayo para corregir una expresión o que se repita una frase con otra entonación, pero el actor debe saberse su texto para poder trabajar todos estos aspectos. Pues en música ocurre exactamente lo mismo: cada músico debe saberse muy bien su texto (partitura), para que cuando comience el ensayo el director pueda trabajar diferentes matices en uno u otro instrumento, y que finalmente haya una cohesión perfecta.

Por lo tanto, un músico estudia en casa la técnica de su instrumento y su partitura, llega al ensayo quince minutos antes para **calentar** y por último, comienza a **ensayar** puntualmente con su cuerpo, cabeza e instrumento preparado.

En cuanto a la estructura del libro, he dividido por bloques las diferentes familias, así como los diferentes tipos de orquesta que nos podemos encontrar. Todo ello ha sido distribuido desde el punto de vista de la evolución histórica. Por este motivo empiezo por la orquesta de cámara, ya que es la principal formación del barroco, y tras este capítulo introduzco a la familia de la cuerda frotada, ya que como explicaré es la sección más importante de una orquesta. Si una orquesta no tiene instrumentos de cuerda, sino únicamente instrumentos de viento, no recibe el nombre de «orquesta», sino de «banda de música».

Tras la cuerda frotada introduzco a la orquesta clásica, ya que es la principal formación del clasicismo. Como veremos, aumenta en tamaño, ya que se incorporan más instrumentos de viento. Por esa razón, tras este capítulo introduzco la familia de los instrumentos de viento madera.

Seguidamente hablo de la orquesta sinfónica, que comienza en el romanticismo e incorpora los instrumentos de viento metal y nuevos instrumentos de percusión. Es por ello que los siguientes capítulos sean los dedicados a los instrumentos de viento metal y a la percusión.

Finalizo la parte de instrumentos de la orquesta con tres instrumentos que no son comunes o regulares en la orquesta, pero que han sido muy importantes en diferentes periodos.

El capítulo sobre el director de orquesta lo he dejado para el final, ya que considero que una vez que conozca bien, intrépido lector, cómo ha evolucionado la orquesta a lo largo de la historia, podrá entender mejor cuál es la función del director.

A lo largo de este libro podrá encontrarse con alguna palabra técnica. He procurado poner asteriscos a todas las palabras técnicas, indicando que estarán en el glosario que hay al final del libro. Espero de todo corazón que entienda todo y disfrute de esta obra, para poder disfrutar aún más del maravilloso mundo de la música.

La orquesta de cámara

Se llama orquesta de cámara a aquella formación que cabe en una cámara (habitación). Este tipo de orquestas eran muy habituales en el siglo XVIII, donde era muy común realizar conciertos privados en las cámaras de los palacios reales.

Esta formación puede oscilar entre diez y veinticinco integrantes. Con menos de diez músicos no estaríamos hablando de una orquesta, sino de un grupo de cámara en el que la palabra orquesta se sustituye por el número de participantes: noneto (nueve músicos), octeto (ocho músicos), septeto (siete músicos), sexteto (seis músicos), quinteto (cinco músicos), cuarteto (cuatro músicos), trío (tres músicos) y dúo (dos músicos).

En la orquesta de cámara tienen cabida todos los instrumentos que vamos a ver en este libro: cuerda, viento madera, viento metal, y percusión. Sin embargo, podemos comprobar que por lo general las orquestas de cámara están formadas principalmente por cuerda y algún instrumento de viento madera, generalmente oboes y fagotes.

Una formación muy común de orquesta de cámara sería:

» 5 violines primeros
» 4 violines segundos
» 3 violas
» 3 violonchelos
» 1 contrabajo
» 2 oboes
» 1 fagot

Es decir, un total de diecinueve músicos.

Hay obras que requieren de algún otro instrumento de viento más o incluso percusión, pero la base de la cuerda es aproximadamente entre quince y veinte músicos. También podemos encontrarnos obras en las que no hay instrumentos de viento y tan solo está la sección de la cuerda; en este caso seguiríamos hablando de orquesta de cámara, aunque no sería incorrecto hablar de orquesta de cuerda.

Como iremos viendo a lo largo del libro, la evolución de la orquesta está muy ligada a la evolución de la historia, en la que cada vez se van a ir incorporando más instrumentos de viento, y por ello el cuerpo de la sección de la cuerda frotada va a ir aumentando en número.

El reto

Suites para orquesta, BWV 1066-1069, de J.S. Bach. No es realmente un reto por su dificultad, pero es el mejor ejemplo que se me viene a la cabeza para que usted, audaz lector, entienda a la perfección el término orquesta de cámara. El maestro de Leipzig compuso estas cuatro suites para cuatro diferentes formaciones de orquesta de cámara. El gran maestro Johann Sebastian Bach siempre es bueno para ser la primera recomendación musical de un bonito libro.

La sección de la cuerda frotada

La familia de los instrumentos de cuerda frotada que componen la orquesta son los violines, las violas, los violonchelos y los contrabajos. Cada uno de estos instrumentos los veremos específicamente en los siguientes capítulos, pero la generalidad que os quiero mostrar yo, es que todos ellos tienen la misma forma y tan solo cambian las dimensiones. El más pequeño, el violín, es el que nos producirá los sonidos más agudos*, y el más grande, el contrabajo, los sonidos más graves*.

Todos los instrumentos tienen el mismo mecanismo, unas cuerdas que se frotan con otro artilugio que se llama arco. El arco está formado por una vara de madera y cientos de crines de caballo, que son las que se frotan contra las cuerdas del instrumento. El vibrar de la cuerda a través del frotamiento del arco es lo que produce el sonido en la caja del instrumento, y este sonido sale por los huecos en forma de «f» característicos de estos instrumentos.

Es interesante destacar que aunque los miembros de la familia son cuatro, en la orquesta podemos ver cinco melodías o secciones diferentes. Los violines se dividen en dos grupos: violines primeros y violines segundos. Esto es debido a la agilidad que muestra este instrumento frente al resto de su familia. Generalmente los violines primeros tienen la melodía más aguda y los violines segundos acompañan a los primeros o realizan la misma melodía, pero más grave*, para reforzar la melodía de los violines primeros.

La colocación de esta familia suele ser de agudos* a graves*, de izquierda a derecha según miramos al escenario, y siempre son los que más cerca se colocan del público. La razón de colocar en primera línea de orquesta a la familia de la cuerda frotada es acústica. Por un lado, son la familia principal de una orquesta, porque si no hubiese cuerda y solo hubiese vientos, se llamaría banda de música; y por otro lado, son el número más elevado de integrantes. Como vemos cuando vamos a un concierto, no hay un único violín o una única viola, sino que hay un conjunto de violinistas o violistas (violistas son los que tocan la viola) en el que todos ellos tocan la misma melodía para que se pueda escuchar bien y esté compensado con los instrumentos de viento, los cuales, debido a sus condiciones tímbricas, suenan más que los instrumentos de cuerda. El número de violines primeros, segundos, violas, violonchelos y contrabajos vendrá determinado según la cantidad de instrumentos de viento haya. Por este motivo, en las obras del s. XIX (Romanticismo) en el que hay tres trompetas, cuatro trompas, tres trombones, una tuba, etc., requiere de más músicos de cuerda que en obras del siglo XVIII en las que solo hay dos oboes y dos trompas.

También el número de integrantes dentro de la familia varía. No hay el mismo número de violines primeros que de violonchelos, y esto es debido a la física, a las ondas de vibración. Para que una familia de cuerda frotada esté compensada, tiene que haber aproximadamente el doble número de violines primeros que de violonchelos. Esto es, si tengo diez violines primeros, tendré ocho violines segundos, seis violas, cinco violonchelos y tres contrabajos. De esta manera las ondas de los instrumentos agudos* (violines primeros), que al ser sonidos agudos* vibran más rápido, se acoplan a la perfección a las ondas de los instrumentos más graves* (violonchelos, contrabajos), que vibran más despacio.

Y ahora le dejo ya con mis compañeros, que le van a hablar de cada uno de sus instrumentos.

El violín

José Luis Campos Esteban

El violín es el más agudo* de los instrumentos de la familia de la cuerda frotada que intervienen en la orquesta, ya que es el más pequeño. Posee cuatro cuerdas, de grave* a agudo*: sol, re, la y mi. Entre ellas hay una clara diferencia de grosor (calibre) que le puede ayudar, querido lector, a reconocerlas. Es un instrumento que está construido normalmente con las siguientes maderas: pino o abeto, arce y ébano. El color del instrumento viene dado por el color del barniz que se le aplica para proteger la madera de la acción del tiempo y los insectos.

El arco es el gran compañero del violín y parte fundamental para obtener la sonoridad característica de este instrumento, ya que permite frotar las cuerdas para obtener sonidos alargados al instrumento. El arco tiene tres partes principales: vara, cerdas y nuez.

La vara es el elemento principal y está hecho de madera de Pernambuco. Hoy en día también pueden ser de fibra de carbono.

Las cerdas, con la ayuda de la resina*, frotan las cuerdas y son de procedencia animal: crines o pelos de la cola del caballo.

La nuez sujeta las crines y forma parte del mecanismo tensor de las cerdas. El violinista debe darles tensión para poder frotar las cuerdas del instrumento. Al terminar, se destensan para evitar su deterioro.

Algo poco conocido del violín es que al principio de su existencia no gozó de la popularidad de la que hoy disfruta, ya que en un principio sirvió para acompañar las representaciones de danza-música y para doblar partes vocales. Philibert Jambe de Fer decía de él en 1556 que era un instrumento de segunda, que utilizaba poca gente salvo los que obtenían beneficio del mismo con su trabajo, mientras que con las violas —y en especial la *viola da gamba*— pasaban su tiempo los caballeros, comerciantes y otros virtuosos.

Algunas pruebas de la aparición de los primeros violines pueden ser las imágenes en cuadros de Gaudenzio Ferrari y Caravaggio, en el siglo XVI, donde aparecen instrumentos muy parecidos a los violines actuales.

A partir de este momento sus cualidades acústicas mejoraron, sobre todo gracias al trabajo de los grandes luthieres* italianos de los siglos XVII y XVIII como Amati, Guarnieri y el gran Stradivari, que convirtieron al violín en un instrumento de sonido poderoso, de gran agilidad y capacidad expresiva que conserva hoy en día.

El violín es un instrumento de gran dificultad técnica que necesita de un largo periodo de tiempo de práctica consciente y metódica para poder asimilar todas las cuestiones técnicas necesarias para su dominio. Yo aquí, estimado lector, hago mía una frase que leí hace años y con la que intento explicar lo que personalmente siento cada vez que cojo mí violín, ya sea dando clase o formando parte de una agrupación instrumental: «El violinista aúna el equilibrio corporal de un bailarín con la competencia y la atención del artesano, la precisión en el gesto del pintor, la memoria y la presencia del actor, la inteligencia del lector y la visión interior del poeta». Esta frase de Dominique Hoppenot en su libro *El violín interior* resume toda la dificultad de la práctica del violín, pero también el increíble poder de la música y la irrenunciable interacción entre cuerpo y mente.

Dentro de la orquesta el violín tiene dos ubicaciones, creando así dos únicas secciones diferentes formadas por muchos violines: la sección de violines primeros y la sección de violines segundos. Usted podrá localizarlos fácilmente, ya que normalmente los violines primeros se colocan a la izquierda del director y los violines segundos a continuación de los primeros, siguiendo con el abanico que forma toda la cuerda frotada. Cada una de estas secciones tiene melodías diferentes, siendo por lo general la melodía del violín primero más aguda que la del violín segundo. Como violinista, y habiendo participado en las dos secciones, puedo explicarle algunas de las dificultades que yo me he encontrado:

En los violines primeros la gran dificultad está principalmente en los pasajes agudos* —¡que tenemos muchos!—, ya que la afinación* debe ser muy precisa para que el conjunto de la sección suene bien. Pero no todo es dificultad en esta sección: si eres violín primero tienes la suerte de tocar las más bellas melodías de los grandes compositores, debido a que los violines primeros casi siempre son los que llevan la melodía principal. Los violines segundos tocan en una tesitura* más grave*, y por lo general llevan una melodía de acompañamiento, pero hay que estar muy atento, ya que puedes encontrarte pasajes rítmicos y técnicos muy complejos de acompañamiento y rápidamente tener la melodía principal durante un instante. Casi es más difícil pertenecer a la sección de violín segundo que a la de violín primero, ya que tienes que adaptarte a todo: a estar en segundo plano acompañando a los violines primeros y a tener el protagonismo con la melodía principal en un momento determinado.

El reto

Como solista

Veinticuatro caprichos para violín solo, Op.1, de Niccolò Paganini. He elegido esta obra, entre la extensa literatura musical que se ha escrito para violín, porque resume en su conjunto toda la técnica del instrumento. Todo lo que se debe saber para tocar muy bien el violín está ahí.

En orquesta

Divertimento en re mayor KV 136, primer movimiento, de W.A. Mozart. En este movimiento se puede escuchar claramente todo aquello de lo que hemos hablado sobre la función de los violines primeros y segundos en la orquesta. Podemos escuchar como los violines segundos tienen un acompañamiento muy difícil, pero también en algunos momentos llevan la melodía principal. La dificultad de la interpretación de las obras de Mozart hace que este divertimento sea también un reto, porque se necesita un buen manejo del arco y un control muy delicado y exigente de la afinación*.

La viola, esa gran desconocida

Sixto Franco Chordá

De repente, la orquesta se calla. Todo el tormento y exuberancia melódica se extingue hasta un fino hilo tenso en notas largas de la flauta y el clarinete. El intenso suspense y misterio te encoge el corazón hasta un punto casi doloroso. Unos segundos que se hacen eternos mientras el director se inclina hacia la sección de violas con intensa lentitud. Y con un gesto violento hace gritar a las violas. Un grito forzado de tres notas rápidas que cortan a cuchillo el aire, se te clava en el alma y te eriza la piel. Las violas en conjunto repiten este gruñido acongojado una y otra vez, añadiendo unas notas y convertirlo en melodía para devolvernos poco a poco la respiración, como si nos levantáramos de un mal sueño. Las violas consiguen formar una melodía que sube y vuelve a caer como una hoja grande de plátano de sombra mientras el resto de la orquesta se une a este impresionante despertar.

Esta maravilla musical, querido lector, fue escrita por Gustav Mahler en su primera sinfonía llamada *Titán*. Las violas irrumpen en escena casi al final del cuarto movimiento, cuando parece que todo está dicho y solo queda la pregunta de cómo se resolverá el misterio de esta sinfonía. Yo siempre me he preguntado por qué Mahler eligió las violas para cambiar el curso descorazonador y desbocado del cuarto movimiento. Quiero creer que se inclinó por las violas por su sonido rústico, oscuro y melódico, y exprime la característica lírica, como si cantaran, de las violas. Cuando un compositor decide usar las violas para destacar una melodía o pasaje, suele ser indicativo que está buscando un cambio de expresión y color, una idea especial. En el caso de la primera sinfonía de Mahler, utilizó las violas para devolver a la orquesta entera las ganas de seguir tocando, y terminar el movimiento con una esperanza y optimismo dignos de quién sabe que está cambiando el curso de la historia.

Pero, ¿qué es una viola? La viola es un instrumento de la familia de la cuerda frotada. Se toca apoyándola sobre el hombro izquierdo y se frotan sus cuerdas con un arco. El tamaño de las violas varía bastante, puedes encontrar desde violas pequeñas de treinta y siete centímetros, a violas muy grandes de casi cincuenta centímetros. La viola tiene cuatro cuerdas y su registro* es el más parecido al de la voz humana. Me explico, es muy probable que ahora mismo cantes una nota en tu registro* normal, y estarás cantando una nota que esté justo en el registro* medio de la viola.

Así como Mahler usó el sonido profundo y desgarrador de la viola, este instrumento también puede ser mágico, como lo visualizó Robert Schumann en su trío para piano clarinete y viola llamado *Cuentos de hadas*, op. 132, (*Marchennerzanhlunge*). La viola también puede ser épica, como se la imaginó Rebecca Clark en su preciosa sonata para viola y piano, en la que nos cuenta historias grandiosas con melodías parecidas a las de los nativos estadounidenses. Paul Hindemith usó la viola para hablarnos del folclore alemán de su tierra natal. Hindemith compuso un divertido y dificilísimo concierto para viola y orquesta llamado *Der Schwanendreher*, —algo así como *El espetero de cisnes*—, donde uno se puede imaginar a un trovador que va de aldea en aldea cantando canciones alegres y otras más serias para los lugareños.

Como ves, la viola puede ser muchas cosas. Quizás una característica importante de la viola en su relación con los compositores es que muchos de los grandes compositores de la historia preferían tocar la viola para interpretar sus propias composiciones. Entre estos compositores se encuentran nuestros grandiosos maestros L. V. Beethoven, W. A. Mozart, J. Haydn, Paul Hindemith, y muchos otros. Estos compositores preferían tocar la viola en grupos de cámara por su privilegiada posición en el centro del grupo, que permitía al músico-compositor escuchar todas la voces por igual.

Tocar la viola supone muchas veces estar entre otras voces, a veces de mediador o voz principal, y otras, supone enlazar unas voces con otras. Por ejemplo, tocando cuartetos de cuerdas, dos violines, viola y chello, el registro* de la viola queda justo en medio entre violines y cello, y la viola se encarga de completar muchos de los sonidos que hay entre los otros instrumentos. Un ejemplo muy claro es el principio del *Cuarteto no 4 op. 18* de

Beethoven. El violín empieza con una melodía agitada típica de Beethoven, acompañada de un ritmo estable del chelo en notas graves*, y la viola y el segundo violín desempeñan una función importantísima de «llenar» el espacio entre el chelo y el violín. En contraste con este cuarteto de Beethoven, encontramos el precioso cuarteto de Antón Dvorak llamado *Americano*. Aquí, Dvorak explota esa cualidad lírica de la viola y escribe para este instrumento una de las más famosas melodías en el repertorio de cuarteto de cuerdas, relegando a los violines y el chelo al papel de acompañamiento. El *Cuarteto Americano op. 12 en fa mayor* es también un ejemplo clarísimo y muy fácil de escuchar de lo que son los registros* de los instrumentos de cuerdas. El cuarteto empieza con los dos violines repitiendo notas agudas y el chelo entra con una nota muy grave*, dejando así un espacio ideal para que la viola nos cante esta melodía que Dvorak escribió después de escuchar cantar a los afroamericanos en Estados Unidos.

Antes de concluir este capítulo, quisiera contarle, querido lector, lo que significa para mí tocar la viola. Tocar este instrumento significa estar siempre dispuesto a asumir muchos roles: el rol de voz intermedia, el rol de saber cómo y cuándo acompañar y el de voz principal. Muchas veces estos roles se mezclan y el truco es saber cómo encontrar ese balance que ayudará a que todo el conjunto suene lo mejor posible. Dadas sus características sonoras, tocar la viola ha sido, es y será para mí, un privilegio y un placer.

El reto

Como solista

El *Concierto para viola* de Paul Hindemith, *Der Schwanendreher*. Una obra donde podrás encontrar todo lo que es capaz de hacer una viola. Este concierto tiene las más bellas melodías escritas para la viola y el tercer movimiento es un dificilísimo ejercicio de prestidigitación pura, a la vez de ser muy divertido.

En orquesta

Ein Heldenleben, op. 40, poema sinfónico de J. Strauss. Esta obra contiene algunos de los pasajes que hay que preparar para audiciones de orquesta. Son pasajes que explotan todos los registros* de la viola cambiando de lo más grave* a lo más agudo* en muy poco tiempo, por medio de notas rápidas. La dificultad añadida es que hay que tocar estos pasajes con un lirismo dramático.

El violonchelo

Alba Clemente Escrivà

Querido lector, mi nombre es violonchelo, pero también me puede llamar «chelo» si lo prefiere.

Pertenezco a la familia de cuerda frotada, ya que para poner mis cuerdas en vibración y poder cantar necesito la ayuda de un arco. A veces también puedo sonar si me tocan con los dedos; esto se llama *pizzicato*.

Soy un instrumento muy popular y versátil, aunque no siempre han sabido valorarme como me merezco; a partir del S. XVI los fabricantes de violines empezaron a construir chelos, pero mi papel era básicamente tocar notas graves* y acompañar a mis primos los violines (algo chillones a veces, si me permiten, desde el cariño). Sin embargo, gracias a las aportaciones de grandes maestros como Stradivari, Boccherini y otros, mi forma fue evolucionando a lo largo de los años hasta convertirme en el instrumento que soy hoy en día; un instrumento capaz de tocar las más bellas melodías igualando la voz humana más dulce que pueda imaginar.

A continuación os enseño un dibujo mío. Me gusta compararme con una persona humana, y no solo por la voz, sino también por mi forma. Ahora lo veréis...

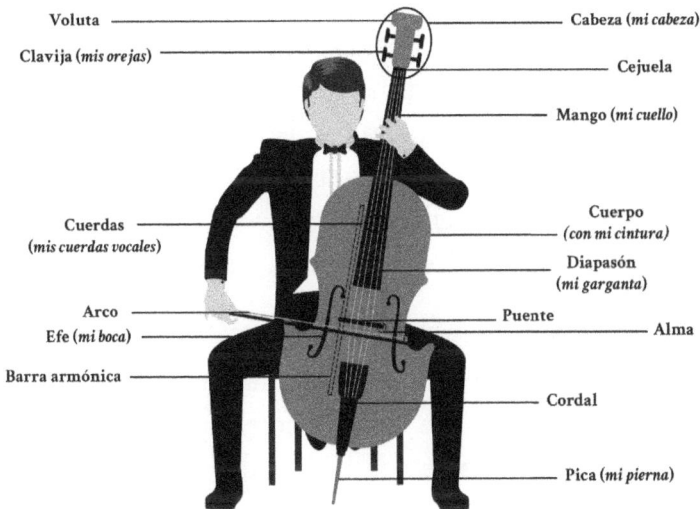

Voluta — Cabeza (*mi cabeza*)
Clavija (*mis orejas*) — Cejuela
Mango (*mi cuello*)
Cuerdas (*mis cuerdas vocales*) — Cuerpo (*con mi cintura*)
Diapasón (*mi garganta*)
Arco — Puente
Efe (*mi boca*) — Alma
Barra armónica —
Cordal
Pica (*mi pierna*)

Antes de contarle cómo es mi día a día, me gustaría hablarle de la persona con la que he compartido toda mi vida, desde el día en que me crearon hace ya diez años en un taller de Alemania. Me consta que antes de estar conmigo, mi compañera tuvo un par de violonchelos más pequeños que yo (existen violonchelos de varios tamaños acorde con las condiciones físicas del violonchelista). Pues bien, nuestra relación es muy intensa; a veces de amor, a veces de odio... Es más, pienso que más que mi compañera parece mi pareja, porque pasa más horas conmigo a lo largo del día que con cualquier otra persona.

Ahora sí, les cuento cómo es mi día a día. Son las 9:30 de la mañana y alguien abre el estuche en el que he estado descansando toda la noche. Al parecer está a punto de empezar el ensayo de la orquesta y tenemos que prepararnos.

Primero, mi compañera-pareja saca el arco (¡pero no para tirar flechas!) y lo tensa. Es decir, el arco está formado por una vara de madera por un lado y crines de caballo por otro, las cuales han de estar tensas para poder frotar mis cuerdas y emitir el sonido. Y para que se puedan agarrar bien a mis cuerdas, se utiliza la resina*.

Una vez el arco está listo, me cogen del cuello (¡sí, del cuello!) y me sacan del estuche. Me sacan la pica*, me apoyan en el suelo, me colocan entre las piernas y el/la violonchelista se sienta con la espalda bien recta en una silla. Pero no una silla cualquiera: una silla que se encuentra a la derecha del director de la orquesta, dentro de la sección de chelos, es decir, donde nos sentamos todos mis compañeros y yo.

Como hemos llegado un poco antes, aprovechamos para hacer unos ejercicios de calentamiento; pensad que los violonchelistas son como los deportistas y necesitan prepararse físicamente para su trabajo, y de esta forma evitar lesiones. Estos ejercicios consisten en realizar ejercicios sencillos y cómodos, como pasar el arco de un lado al otro de forma relajada, para que así los músculos vayan entrando en calor de una manera progresiva. Esto también me ayuda a mí a despertar e ir sacando mi sonido.

¡Pero no todo es trabajo! Me encanta charlar un poco con mis compañeros de sección. Somos un grupo bastante variado: hay algunos que tienen solo tres años, otro que tiene doscientos años, unos son italianos, otros franceses... En fin, un grupo con gran riqueza sonora. Algunos de ellos son tocados por mujeres y otros por hombres, algo bastante normal... ¿no? ¡Pues no siempre ha sido así! Hasta el S. XX no se reconocen mujeres violonchelistas, ya que la posición que se adopta para tocar el instrumento era considerada indecorosa.

Faltan cinco minutos para que comience el ensayo y mi compañero el oboe emite la nota «la» para que la tomemos de referencia y podamos afinar nuestras cuerdas, que en nuestro caso son las de las notas: la, re, sol y do, de agudo* a grave*. Una vez está toda la orquesta afinada empezamos el ensayo.

Mi papel dentro de la orquesta es muy variado, ya que soy un instrumento muy versátil; normalmente realizo las partes graves*, aunque también puedo interpretar sin problema las partes melódicas. Es más, hoy en día ocupo un papel muy destacado en el panorama musical, ya que se componen muchas obras para mí, y melodías muy famosas como la de «Juego de Tronos» las toco yo... ¡como instrumento solista! Y cómo no, aparezco también en anuncios de televisión, bandas sonoras, canciones folk, country... Hasta tengo un hermano llamado «violonchelo eléctrico» que se utiliza muchísimo en grupos de rock y música electrónica actual.

Si tuviese que hablar de alguna dificultad o inconveniente de ser un violonchelo sería que debido a mi tamaño no tengo la misma agilidad que un violín (al tener un tamaño más pequeño pueden tocar notas más rápido), y que a veces se hace duro transportarme de un lado a otro. Pero con todo esto, merece la pena poder abrazarme e interpretar conmigo composiciones tan hermosas como las *Seis suites para chelo solo* que compuso J. S. Bach (Bach fue el primer compositor que escribió algo para mí en solitario, él sí tenía buen gusto…).

Me considero un instrumento afortunado. Puedo tocar en orquesta, en banda sinfónica, cuarteto, trío… Puedo ser instrumento solista o simplemente acompañar otra melodía, puedo tocar cualquier estilo musical… En definitiva, me siento querido y valorado, algo muy importante en los tiempos que corren.

El reto

Como solista

Sonata in A major, G. 4, 2º movimiento, de L. Boccherini. En este movimiento el violonchelista parece que tiene fuego en los dedos por lo rápido que los mueve. Claro, como Boccherini era un virtuoso del chelo e iba sobrado, quiso complicarnos la vida al resto de violonchelistas con este tipo de fragmentos. Y es que Boccherini pensaba que el violonchelo no tenía suficientes notas agudas y decidió alargar el diapasón unos centímetros para que se pudiesen tocar más notas aún. En fin…

En orquesta

La ópera *Elektra*, de R. Strauss. En esta ópera los violonchelos luchan por tocar fragmentos muy rápidos, con muchas alteraciones, cambios de claves, disonancias… O sea, que no sabes si suena «raro» porque es así o porque has tocado la nota que no es. Es una música muy intensa, que combina melodías preciosas y dulces con otras muy agresivas. Vamos, que nos lleva de cabeza con tanto cambio.

El contrabajo

Jacob Reguilón García

El contrabajo es el instrumento más grande de la familia de la cuerda, pudiendo llegar a medir hasta dos metros de alto. Muchos lo comparan con un gran armario, y de hecho en muchas orquestas de mediados del siglo XX, los contrabajistas ponían bisagras en la parte trasera para poder abrir y cerrar la tapa, y meter el esmoquin dentro del contrabajo tras la función. ¡Si es que el contrabajo y el contrabajista valen mucho!

Como decía, es tan grande que lo tenemos que tocar de pie. Somos los únicos músicos de la orquesta que tocamos de pie, o levemente apoyados en una banqueta, como si estuviésemos en la barra de un bar.

Dentro de la familia de cuerda, el contrabajo produce las notas mas graves. Para conseguir ese sonido es necesario hacer vibrar unas cuerdas que miden en torno a cien cm desde el puente hasta la cejuela, resonando en una caja que es prácticamente el doble de la del violonchelo. El sonido que produce dentro de la caja sale por las dos «efes» que tienen.

Habitualmente el contrabajo tiene cuatro cuerdas, aunque también nos podemos encontrar con modelos de tres y de cinco cuerdas. Debido a la longitud de las cuerdas, la mano, sin cambiar de posición, solo abarca un tono en el registro grave y medio del instrumento. Esto produce que el instrumento se afine por cuartas, mientras que el resto de la familia de cuerda afinan por quintas. Esto quiere decir que la nota más baja es un mi, y luego le siguen la, re y sol (la más aguda). Cuando el contrabajo es de cinco cuerdas se le añadiría a las cuatro anteriores una cuerda más grave, que sería un do.

Aunque con el paso del tiempo, técnicamente el dominio del contrabajo ha evolucionado considerablemente, la función principal del instrumento dentro de la orquesta sigue siendo la de sostener tanto armónica como rítmicamente.

La verdad es que no tocamos tantas notas como los violines; ahora bien, somos tan importantes como ellos, porque sin nuestras notas graves ellos no se sentirían respaldados y sus melodías agudas no quedarían tan bonitas y emocionantes... Somos los que trabajamos en la oscuridad, y es increíble sentir cómo en la orquesta todo se va armando encima de lo que toca nuestra sección.

Al principio cuesta un poco acostumbrarse a tratar con él; moverte por la ciudad con un instrumento de este tamaño no es algo que resulte muy fácil, sobre todo si lo que quieres es moverte en transporte público. Al final te acostumbras y es algo con lo que convives con más naturalidad de la que piensas al principio. Hay muchas orquestas que tienen sus contrabajos y eso facilita mucho las cosas, pero cuando tienes que tocar en otras orquestas, o en grupos de cámara... ahí no te queda otra que moverte con tu «amigo».

Cuando empiezas a tocarlo es importante ser consciente de que tienes que ir acostumbrando poco a poco tu cuerpo a la práctica diaria, fundamentalmente la mano izquierda. Con la emoción que se tiene al principio, lo que quieres es tocarlo todo el día, lo que te puede llegar a generar tendinitis. Una vez que ya estás habituado es importante dedicarle un tiempo mínimo diario.

Por otro lado, el instrumento te agradece no exponerle a cambios de temperatura ni de humedad muy bruscos, porque la madera se puede ver afectada y en algunos casos llegar a agrietarse.

El reto

Como solista

Concierto nº 2 en mi bemol mayor para contrabajo y orquesta Kr. 172, de Carl Ditters von Dittersdorf. Un concierto que encuentra todas las posibilidades del contrabajo. Desde largas melodías graves y hermosas hasta sonidos muy agudos y ágiles. Una obra muy virtuosística para el contrabajo, pero maravillosa y muy divertida.

En orquesta

Sinfonía nº 1 en re mayor («Titán»), de Gustav Mahler. Escojo esta sinfonía porque Mahler es único a la hora de explotar las posibilidades de los instrumentos graves, ofreciéndoles tanto melodías en las que están solos como melodías que acompañan y sustentan a toda la orquesta. ¡Increíble Mahler!

El concertino

Marta García-Patos Revenga

El *concertino* (que así se escribe y así puede pronunciarse, aunque otras veces puedan escuchar «conchertino») es, desde el s. XIX, aquella obra musical escrita con el mismo estilo y estructura de las grandes obras para instrumento solista y orquesta, o *conciertos,* pero con menor duración y con menores pretensiones: en pequeñito. Si hablamos del *Concertino para violín nº1 en mi mayor, op.15* de Kalliwoda, solo oyendo el nombre coincidirán conmigo en que no tiene tanto empaque como el *Concierto para violín en re mayor, op. 77* de Brahms (¡y cuando lo escuchen será aplastante!).

Leyendo lo anterior han debido sentir cierta confusión, al ser este un libro que trata sobre los instrumentos de la orquesta; y el presente, el capítulo dedicado a esa persona que ustedes bien han visto en los conciertos que es:

— La que sale después que el resto de miembros de la orquesta.
— Aquella que se levanta y afina su violín con la nota *la* que le da su compañero primer oboe, y que luego «reparte» a sus compañeros de cuerda, para que ellos también afinen sus instrumentos.
— La que siempre se sienta inmediatamente a la izquierda del director, y en la fila más exterior.

—Aquella a quien dan la mano el director y los solistas cuando entran al escenario.

¿Entonces…?

Lo que sucede es que *concertino* es la traducción al español del etimológicamente designado para ello *concertmaster* (en inglés), *Konzertmeister (*en alemán), *primo violino* (italiano) o *chef d'attaque* (francés) —esta es mi favorita—. Pero la acepción principal de *concertino* es la referida a la obra «pequeña» para instrumento solista. No podría contradecir a nuestro sagrado *Oxford dictionary of music*. Y así debe constar.

Aparte de lo más visible mencionado anteriormente, vayamos ahora a lo que concierne al *concertino:*

1. Es considerado el líder de todos los instrumentos. Para entender esto debo detenerme a explicar el profundo y férreo orden jerárquico que impera en una orquesta sinfónica. El jefe es el director (que por ello se denomina así), e inmediatamente debajo está el *concertino*, quien además es líder interno de la cuerda, por encima del jefe de violines II, jefe de violas, jefe de violonchelos y jefe de contrabajos. Toma las decisiones que afectan a toda la sección de cuerda de la orquesta, además de las propias de su sección específicamente liderada, los violines I.

2. Pone arcos —dicho en jerga, claro; textualmente sería raro…—. Decide las arcadas —¡No! ¡Así es peor!—. Basándose en su criterio sobre la correcta interpre-

tación de las obras (siempre de acuerdo a las indicaciones verbales y gestuales que recibe del director), y teniendo en cuenta la idiosincrasia propia de la ejecución grupal, decide la dirección en la que se pasa el arco en cada nota —así, sí—. Y esto, que pudiese parecer una cuestión muy secundaria, no solo tiene una repercusión visual (coincidirán conmigo en lo placentero que resulta ver la homogeneidad de movimientos de los arcos en la orquesta), si no que influye directamente en la sonoridad, en la personalidad de la sección de cuerda.

3. Guía gestualmente. Aquí ustedes se extrañarán, pues esa es la labor que le corresponde al director. Por supuesto. Pero… la ejecución de una obra sinfónica es un engranaje de tal complejidad, que constantemente hay ensamblajes internos llevados a cabo por los jefes de sección. Hay ciertas indicaciones que a la sección de cuerda le resulta más natural comprender si están dadas desde un gesto con el violín (claro, es como su lengua materna). Otras veces es solo porque el director está ocupado marcando otras cosas a los vientos y la cuerda no puede quedarse sola… ¿Recuerdan? *¡Chef d'attaque!*

4. Toca los *solos*. Claro, como es el *primo violino*, si la obra tiene algo escrito para un sólo violín —reconocible por todos en la partitura porque pone *solo*—, pues le toca a él. Y uno de los *solos* por excelencia lo pueden disfrutar en *Scheherezade, op.35* de Rimsky-Korsakov.

Y… hay un último aspecto que sucede solo a veces. A veces es *concertino-director*. Cuando el número de músicos requerido para una obra es reducido, el director se toma un descanso y el *concertino* desempeña, aparte de todas sus labores, el papel de director. Y ese momento es muy, muy divertido…

Orquesta clásica

Como su propio nombre indica, esta formación es la utilizada para las obras orquestales del periodo clásico, segunda mitad del s. XVIII. Su número de integrantes oscila entre veinticinco y cuarenta músicos.

En esta orquesta el número de la sección de la cuerda ha crecido y ahora nos podemos encontrar con: ocho violines primeros, siete violines segundos, cinco violas, cuatro violonchelos y tres contrabajos. Un total de veintisiete músicos solo de cuerda. En cuanto a las otras familias de instrumentos es común encontrarnos con obras orquestales que, además de la cuerda, solo tengan dos oboes y dos trompas, o dos oboes, dos trompas y dos timbales.

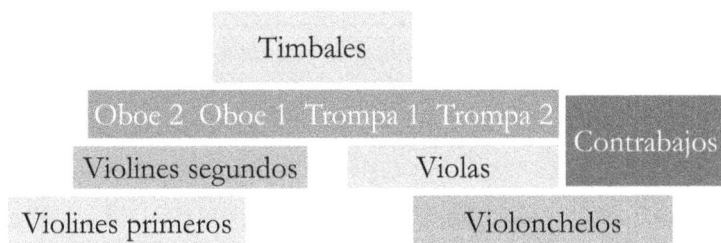

	Timbales		
Oboe 2 Oboe 1	Trompa 1 Trompa 2		
Violines segundos		Violas	Contrabajos
Violines primeros		Violonchelos	

Según vamos evolucionando en la historia, se van incorporando más instrumentos a la orquesta clásica: las flautas, los fagotes, las trompetas y finalmente los clarinetes. En efecto, los clarinetes son el último instrumento que se incorpora a la orquesta, casi podríamos decir que es un instrumento moderno. De esta manera observamos cómo a finales del periodo clásico (s. XVIII) tenemos la sección de viento madera al completo, y se convierte en una formación imprescindible como complemento de la cuerda.

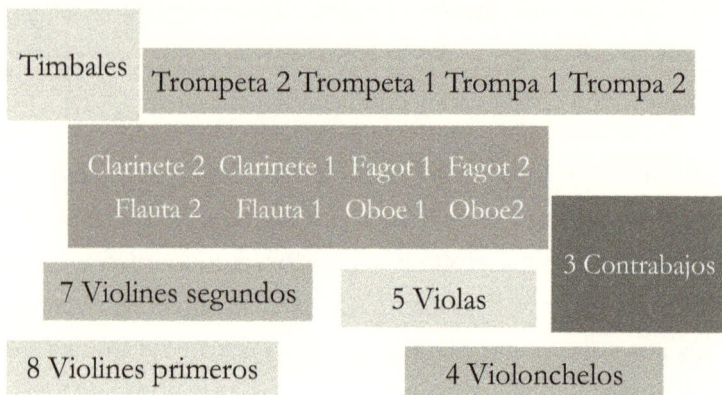

Timbales				
	Trompeta 2	Trompeta 1	Trompa 1	Trompa 2
	Clarinete 2	Clarinete 1	Fagot 1	Fagot 2
	Flauta 2	Flauta 1	Oboe 1	Oboe2
7 Violines segundos		5 Violas		3 Contrabajos
8 Violines primeros			4 Violonchelos	

Como vemos en el esquema anterior, estamos ya en los límites de lo que sería una orquesta clásica y podríamos llamar una orquesta sinfónica. El número de integrantes que podemos contar en el esquema son cuarenta músicos, y aquí tendríamos ya el límite de una orquesta clásica.

Cualquier variación entre el primer esquema y el segundo esquema tiene cabida como orquesta clásica. Por ejemplo, Mozart en su *Sinfonía nº 25 en sol menor, K 183,* además de la cuerda, que ya hemos dicho que es la base de la orquesta, introduce dos oboes, dos fagotes y cuatro trompas. El mismo compositor en su *Sinfonía nº 39 en mi bemol mayor, K 543,* la orquestación que utiliza es de: una flauta, dos clarinetes, dos fagotes, dos trompas, dos trompetas, dos timbales y cuerdas.

En música nos referimos a la palabra orquestación o instrumentación para hacer referencia a los instrumentos que componen una obra, ya que como puede observar, querido lector, cada obra requiere de un número determinado de instrumentos. Ahora bien, la base, la cuerda, que es como la base de una *pizza*, no debe ser mucho más numerosa de lo que le he mencionado anteriormente.

El reto

Le propongo un reto más para usted que para el músico o para la orquesta. Si quiere descubrir la belleza y el significado real de lo que es la orquesta clásica, escuche las cuarenta y una sinfonías de Mozart o las ciento cuatro sinfonías de Haydn. Está bien, no se asuste. Empiece por la primera de uno u otro compositor, después la sinfonía n° 10, después la sinfonía n° 20, después la n° 30… o empezando desde la primera sinfonía vaya avanzando aleatoriamente hasta llegar a la última, no hace falta que se escuche las cuarenta y una de Mozart o las ciento cuatro de Haydn. Le aseguro que de esta forma vivirá en primera persona la evolución del estilo clásico y el significado de la orquesta clásica. Si me permite una recomendación, empiece por las de Haydn; seguro se lleva más de una sorpresa. Es un compositor eclipsado por Mozart, pero no olvide, aguerrido lector, que Haydn fue su maestro.

La sección de viento madera

La familia de viento madera es la más heterogénea de todas las familias, debido a la singularidad de cada una de sus boquillas y formas.

Como hemos visto en los instrumentos de cuerda frotada, todos los instrumentos pertenecen a la misma familia porque todos producen el sonido al frotarse las cuerdas con un arco. ¡Ahí está el *quid* de pertenecer a una familia u otra, la manera de producir el sonido! Los instrumentos de viento madera no son todos aquellos instrumentos que están fabricados de madera, sino todos aquellos que producen el sonido de una manera similar.

Vamos a ir poco a poco. ¿Quiénes son los instrumentos de viento madera? Pues en la orquesta tenemos a la flauta travesera, al oboe, al clarinete y al fagot. ¿Cuál es la característica que les une? Todos ellos producen el sonido cuando se sopla por una boquilla, y esto es lo importante; es la boquilla quien hace vibrar el aire para así producir el sonido. Recuerde, apreciado lector, que el sonido es vibración, ya sea a través de una cuerda o a través del aire. Para que un instrumento de viento produzca sonido necesitamos hacer vibrar ese aire. De aquí que tengamos dos tipos de instrumentos de viento: de madera y de metal. Y como le he mencionado, la diferencia entre uno y otro reside en cómo se hace vibrar el aire. En los instrumentos de viento metal el aire lo hacemos vibrar a través de nuestros labios, de tal forma que una bubucela, muy empleada en los partidos de fútbol de los años 90, es un instrumento de plástico que se hace sonar a través de la vibración de los labios y por lo tanto sería un instrumento de viento metal. Esto David Ruiz os lo va a explicar muy bien en el capítulo del trombón.

Por otro lado, en la familia de los instrumentos de viento madera, que es lo que nos ocupa este capítulo, quien se encarga de hacer vibrar el aire es la boquilla. Vamos a ver los cuatro ejemplos:

— La flauta: el flautista sopla en el bisel* de tal manera que consigue que el aire se parta y entre vibrando en el tubo.
— El oboe y el fagot: el oboísta y el fagotista tienen el mismo tipo de boquilla, dos palas de bambú unidas que al soplar entre ellas, hacen vibrar el aire. Emma y Laura os lo van a explicar un poquito mejor en sus capítulos.
— El clarinete: este instrumento tiene una única pala de bambú, que se apoya sobre la boquilla del instrumento y se atrapa con una especie de brida, dejando un espacio mínimo entre la pala y la plataforma donde se apoya, de tal manera que al soplar por ese hueco el aire vibra y produce el sonido.

Como ve, estimado lector, todos estos instrumentos tienen la característica común de que es la boquilla quien produce el sonido, pero les diferencia que cada uno tiene una boquilla distinta, por lo tanto… pertenecen a la misma familia aunque son muy diferentes entre ellos. Esta diferencia de boquillas hace que el equilibrio y la homogeneidad a la hora de emitir el sonido, es decir, conseguir un adecuado empaste entre ellos, sea más complicado que en la familia del viento metal o la cuerda frotada, debido a que cada instrumento va a tener un timbre* muy diferente.

Otro instrumento que sería de viento madera es el saxofón, ya que tiene una boquilla similar al clarinete, pero sintiéndolo mucho no vamos a hablar de él, porque aunque Ravel lo intentó meter dentro de la orquesta sinfónica —de hecho lo podemos escuchar en el *Bolero*—, la verdad es que no tuvo gran aceptación y finalmente no ha sido integrante de la orquesta. Por este motivo, le vamos a dejar fuera de este libro. Pero ya sabéis, aunque sea dorado como el sol… es un instrumento de viento madera.

La familia de viento madera se coloca justo detrás de la cuerda, y por lo general suele estar un poquito más elevada, para que sus melodías puedan sobresalir bien sobre la cuerda. En la orquesta sinfónica lo común es encontrarnos dos instrumentos de cada, y cada uno suele tener una melodía independiente. Una flauta, una melodía; dos flautas, dos melodías. No como en los violines: diez violines, una melodía. O sea, que los instrumentos de viento tocan en todo momento de solistas, unas veces con melodías principales y otras veces acompañando, pero siempre cada uno con su melodía. A esto me refiero cuando hablo de solista. Si un día me falta un violín, no me pasa nada porque tengo nueve más haciendo la misma melodía, pero como me falte una flauta, un oboe, un clarinete o un fagot... me quedo sin una melodía.

Si bien pensamos que la colocación debería ser como en la cuerda, de izquierda a derecha, de agudos* a grave* (flauta, oboe, clarinete, fagot), no es así debido a la dificultad de equilibrio y homogeneidad a la hora de emitir el primer sonido, por las diferentes boquillas que tiene cada instrumento. Por ello, la colocación es la siguiente:

| Clarinete 2 | Clarinete1 | Fagot 1 | Fagot 2 |
| Flauta 2 | Flauta 1 | Oboe 1 | Oboe 2 |

Los instrumentos 1 son los que tienen la melodía principal, y los instrumentos 2 tienen una melodía secundaría de acompañamiento o de refuerzo. Con esta colocación los cuatro músicos principales de cada instrumento están juntos y se pueden escuchar mejor para producir una emisión de sonido más equilibrada y homogénea.

Flauta travesera

Raquel Vázquez Jiménez

Las flautas traveseras existen desde la prehistoria. Los primeros humanos ya las construían con huesos de pájaros a los que añadían algunos agujeros, uno para soplar y los demás para tapar con los dedos. Más adelante, con el desarrollo de las civilizaciones, se emplearon otros materiales como la caña de bambú, el marfil o la madera tallada. Los europeos fueron los que más desarrollaron este instrumento; poco a poco añadieron más agujeros y llaves* para mejorar la posición de los dedos, hasta que faltaron dedos para tanto agujero y a mediados del siglo XIX el flautista T. Böhm desarrolló un sistema de llaves* que hizo posible abrir y cerrar dieciséis agujeros con solo nueve dedos. También sustituyó la madera por el metal como material de construcción, mejorando así la acústica, agilidad y afinación* de la flauta. El diseño de T. Böhm es el que todos los flautistas usamos hoy en día.

La flauta travesera es un tubo dividido en tres partes que se unen entre sí, y aunque es de metal pertenece a la familia de instrumentos de viento madera. Esto es por la forma en que la hacemos sonar. ¿Han probado a soplar por el agujero de una botella y consiguieron emitir un sonido? Pues hacer sonar la flauta es muy parecido, solo tenemos que cubrir con el labio inferior un tercio del agujero de la embocadura, hacer chocar el aire contra el borde opuesto (bisel*) y luego colocar los dedos en las llaves* para conseguir diferentes sonidos. Parece fácil, ¿verdad? Pues no lo es tanto, porque al ser el único instrumento de viento de embocadura libre gasta mucho aire, y cómo gestionarlo para que salga más sonido que ruido del aire sobrante que sale hacia fuera requiere horas y horas de práctica.

Por eso un flautista comprometido con el buen rendimiento de su orquesta o agrupación musical se mantiene en buena forma para poder abordar con éxito el repertorio que está preparando para el concierto, y para conseguirlo trabaja a diario una tabla de «gimnasia flautística» que le ayuda a:

- Mantener tonificados los músculos de la cara y así conseguir la emisión de un bello sonido, rico en *armónicos**, con un agradable *vibrato* y que se proyecte hasta la última butaca del teatro aunque esté tocando pianísimo, es decir, muy flojito.
- Mantener ágil la lengua, pues con ella articulamos. La articulación es como pronunciamos el principio de cada nota que emitimos, y le da un carácter concreto

a la música que interpretamos. Usamos muchos tipos diferentes de articulación: *legato**, *staccato*, *picado*, etc…

- Ejercitar los músculos de los dedos para lograr independencia unos de otros y velocidad. Para lograrlo la práctica de escalas* y arpegios* es imprescindible.

Después de este entrenamiento, como los deportistas, necesitamos hacer estiramientos para evitar lesiones. Sé por propia experiencia que saltarse este punto puede acarrear consecuencias nefastas en hombros, cuello y espalda, ya que mantenemos una postura muy forzada.

Ahora solo nos queda desmontar la flauta y limpiar sus partes con esmero por dentro y por fuera, prestando especial atención a la embocadura, que al estar en contacto con la boca es la que más suciedad acumula. Cuanto más frío hace, más humedad se condensa dentro del tubo, y si se guarda sin limpiar se seca dentro y estropea las *zapatillas* de las llaves* (las zapatillas son unas almohadillas que hay bajo cada llave y que sirven para sellar los agujeros cuando las bajas).

La flauta en la orquesta

¡Por fin listos para el ensayo! Siempre tenemos que llegar al menos quince minutos antes de que empiece el ensayo para calentar. Los músicos nos referimos a calentar cuando tocamos para calentar nuestro cuerpo y nuestro instrumento, que en nuestro caso, al ser de plata (según el presupuesto de cada uno hay algunas que son incluso de oro) cuando la sacamos del estuche está bastante fría y necesitamos tocar un poco para que se temple, y así cuando empiece el ensayo podamos sacar un buen sonido. La flauta y el flautín son los instrumentos de viento más agudos* y ágiles de la orquesta, y los compositores escriben para nuestras intervenciones papeles con bastante protagonismo. En la orquesta como mínimo somos dos flautas, aunque buena parte del repertorio orquestal de autores de los siglos XIX y XX requiere de más flautistas en su plantilla. La flauta 1ª se encarga de interpretar las melodías principales, y la flauta 2ª interpreta las segundas voces y también toca el flautín cuando es necesario. El flautín nunca lo toca la flauta 1ª, siempre lo tocará la flauta 2ª, y al ser la mitad de largo que la flauta produce sonidos muy muy agudos*. A este sí que se le escucha bien y mira que es difícil que no suene como un pito, y tocar afinado ni os cuento...

El reto

Como solista

Concierto para flauta y orquesta en sol mayor K 313, de W.A. Mozart. Sin duda hay conciertos para flauta en el siglo XX mucho más complejos técnicamente, como el *Concierto para flauta y orquesta* de Jacques Ibert. Pero recapacito y llego a la conclusión de que las melodías claras, de líneas elegantes y sencillas de este concierto de Mozart exigen del intérprete un control absoluto del sonido y de la articulación. Es por esto que lo elijo como reto, a pesar de lo que Mozart decía de la flauta: «Lo único peor que una flauta son dos». A pesar de estas palabras, Mozart nos dejó una obra maestra de una belleza sublime.

En orquesta

Suite sinfónica n.º 2 Daphnis y Chloe, de Maurice Ravel. Este ballet narra el mito griego de dos pastores que descubren el amor en medio de bosques encantados, donde el lujurioso dios Pan acecha sin descanso a hermosas ninfas. Para crear este ambiente bucólico, Ravel introdujo un flautín, dos flautas y flauta grave* en sol que no paran de imitar a pajaritos y demás seres mitológicos. Por si esto fuera poco, en mitad del movimiento «Pantomime» comienza uno de los solos de flauta más escuchados en exámenes y audiciones por su complejidad, y cómo no, por su gran belleza.

El oboe y su familia

Emma Mendo Chamorro

Por aulos o tibia conocían los antiguos griegos y romanos al instrumento de viento de doble lengüeta* que acompañaba sus ritos y fiestas, y que hoy llamamos oboe. Su evolución ha sido constante desde entonces, no solo fisiológicamente, sino también en su uso dentro del ámbito musical, pasando de utilizarse tanto en música profana como en la culta.

En el Barroco, el gran maestro Johann Sebastian Bach lo utiliza para acompañar las arias de los cantantes solistas en sus Pasiones, Cantatas y Oratorios, junto con el resto de su familia, *oboe d'amore* y *oboe da caccia*, actualmente llamado corno inglés. Estos tipos de oboe son muy similares al oboe común, pero un poquito más grandes de tamaño, produciendo un sonido más grave* y aterciopelado, aunque no cuentan con la misma precisión que el oboe que todos conocemos. Con la creación de las orquestas y su precursor Joseph Haydn, su participación en la misma se vuelve indispensable hasta nuestros días. Fiel servidor de la melodía y especial e inconfundible por su timbre*, compositores clásicos, románticos, nacionalistas y contemporáneos han pensado siempre en él al componer sus obras.

La vibración de una columna de aire dentro de un tubo es lo que produce el sonido en el oboe. De esa vibración previa se encarga su caña de doble lengüeta*. Tapando o destapando los orificios de su tubo cónico obtenemos los diferentes sonidos.

Su calidad de sonido depende principalmente de la caña que el oboísta fabrica artesanalmente. La caña está formada por dos palas pequeñas de bambú, unidas sobre un tudel metálico recubierto de corcho y sujeto por un hilo. Esta doble caña es por donde soplamos los oboístas para hacer vibrar el aire y que se produzca el sonido. ¡Ay la caña! Puedes ser la persona más feliz del mundo cuando esta y el oboísta se entienden. La caña es muy muy sensible a los cambios de temperatura y humedad. Es posible que una caña que tenga las condiciones perfectas para un concierto a las 12:00 del mediodía, esa misma caña, ese mismo día, en el concierto que tienes por la tarde, tras una tormenta ya no es la misma y tengas que buscar otra. Por eso siempre llevamos una cajita con varias cañas, y dependiendo del ambiente utilizamos unas u otras.

Técnicamente comparte mucho con el canto, respiración, registro* (voces femeninas), expresividad, color, con lo que conlleva un cuidado diario de la madera —normalmente ébano— ya que necesita de la temperatura y la humedad adecuada. El oboísta se ayuda de un pequeño humidificador para poder conseguirlo.

Dentro de la orquesta tiene una singularidad sin parangón: se encarga de comprobar la afinación* de todos sus miembros. Debido a que somos el instrumento que emite el sonido con mayor estabilidad es el encargado de dar el sonido «la» a una vibración exacta de 442Hz para que el resto de compañeros afinen con nosotros.

Cuando el director baja la batuta y la música comienza a sonar, es uno más dentro del equipo. Se encarga de un espacio sonoro que todos solemos recordar con facilidad: la melodía. No olvidemos que en la orquesta, tanto de cámara como sinfónica, todos formamos parte del mismo equipo. Sí, la melodía se recuerda fácilmente, pero sin el resto de compañeros, violines o flautas, o los que se dedican al acompañamiento grave*, cello o fagotes, o los que se encargan de la armonía* como violas o trompas, esta melodía no se podría disfrutar igual.

Como toda la música, cuanto mejor escrita está la partitura, más fácil es de interpretar. Para eso, que el compositor conozca el instrumento para el que está escribiendo su música es fundamental, para así poder sacar el mejor rendimiento. Explotar sus naturales habilidades como por ejemplo el legato*, y también saber disimular lo que no se le da tan bien, como las notas graves* tocadas muy flojitas de volumen. ¡Eso sí es difícil para nosotros!

Antes de adentrarnos en el reto, me gustaría compartir con usted algunas de las más bellas melodías que tiene el oboe en el repertorio sinfónico.

Para oboe

— *Andantino in modo de canzone, sinfonía n° 4 en fa menor op. 36*, de P. Tchaikovky.

— *El oboe de Gabriel*, de la película *La misión*, de Ennio Morricone.

Para corno inglés

— Nuestro querido y conocidísimo *Adagio del concierto de Aranjuez para guitarra y orquesta op. 78*, de Joaquín Rodrigo.

— *Adagio assai del concierto para piano y orquesta op. 83*, de Maurice Ravel.

El oboísta debe saber que será muy difícil pasar desapercibido dentro de la orquesta. Suele ser protagonista en obras de todos los estilos, y no solamente en los movimientos lentos como he mencionado antes, sino también en melodías ágiles y virtuosas.

— Preludio *«Le tombeau de Couperin» op. 68A*, de Maurice Ravel.

— *Les Tuileries* de *Los cuadros de una exposición*, de Modest Mussorgski.

Acompañando a instrumentos solistas

— *Contertone para dos violines y orquesta en do mayor op. 190*, de W.A. Mozart.

— *Adagio. Concierto para violín y orquesta en re mayor op.77*, de Johannes Brahms.

Y como no, a la voz

— *Sinfonía para tenor solo, alto solo y orquesta «La canción de la Tierra»*, de Gustav Mahler.

— *«Bereite dich, Zion, mit zärtlichen Trieben». Aria para alto del Oratorio de Navidad BWV 248*, de Johann Sebastian Bach.

El reto

Como solista

Como instrumento solista, el *Concierto para oboe y orquesta TrV 292* de Richard Strauss es más que un reto. Frases interminables que obligan al oboísta a utilizar la respiración continua contrastan con pasajes rápidos llenos de energía y virtuosismo.

En orquesta

Oratorio de Navidad BWV 248 de Johann Sebastian Bach. Me gustaría destacar la última obra mencionada anteriormente. Esta es una obra de extrema exigencia instrumental, donde se intercala el oboe y el *oboe d'amore* acompañando las arias de los solista. De gran duración, obliga al oboísta a poner a prueba su resistencia y flexibilidad al cambiar de instrumento constantemente. Muy recomendable su escucha no solo en tiempo navideño.

Le animo, querido lector, a profundizar sobre el oboe y su familia. Podrá disfrutar de su expresividad y su capacidad para trasmitir emociones en cualquier ámbito musical.

El clarinete

Fátima Mazcuñán Moreno

El clarinete es, dentro de la orquesta, el instrumento más joven de todos los de viento madera, perteneciendo a ella desde 1780 aproximadamente. Curiosamente, fue inventado por un constructor de instrumentos de cuerda llamado Johann Christoph Denner hacia 1690, en la ciudad alemana de Nurenberg.

En realidad, Denner no quiso crear un nuevo instrumento, sino buscar el perfeccionamiento del antiguo *chalumeau* francés, un instrumento muy rústico de siete agujeros que llegó a ser muy popular en los siglos XV y XVI, introduciéndose en la orquesta en el siglo XVII.

El perfeccionamiento del chalumeau de Denner consistió en agregarle dos llaves* al instrumento: una para el pulgar de la mano izquierda y otra para el índice. Esto marca el comienzo de la evolución del instrumento hasta su estado actual, en el que coexisten dos tipos de mecanismos de clarinete: el sistema Böehm o francés (usado en casi toda Europa, Asia y América), y el Öhler o alemán (utilizado en Alemania, Austria y algunos países de ese entorno).

¿Cuál es la primera imagen que se le viene a la cabeza al nombrar la palabra «clarinete»? Probablemente la mayoría tiene muy claro el aspecto del instrumento, un tubo negro con cosas plateadas como si fuesen botones, pero lo que quizás no sea tan común saber es las partes que lo forman. En efecto, el clarinete es un instrumento con cinco piezas, que se deben ensamblar y desensamblar cada vez que se toca.

He aquí una imagen que le ilustrará mejor.

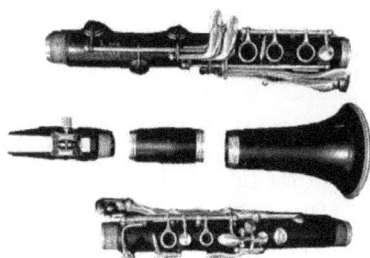

A su vez, en la boquilla se sitúa una lengüeta simple, sujetada con una abrazadera, lo que Edgar ha llamado «brida» en el capítulo que nos introducía los instrumentos de viento madera.

La madera con la que está construido el clarinete es la ebonita o granadilla. También existen clarinetes de plástico y otros materiales como la resina*, pero evidentemente su calidad sonora (y su precio) no es comparable a la madera.

Debido a que todo clarinetista debe montar y desmontar su instrumento cada vez que va a tocar, es muy habitual que en la orquesta estos instrumentistas sean los últimos en terminar de limpiar. Hay que secar bien las cinco piezas, porque de tanto soplar, el aire se condensa y se acumula la saliva por dentro, hay que secar y limpiar la lengüeta, limpiar el sudor en las llaves*, que de tanto mover los dedos una termina sudando... Por consiguiente, somos los últimos en salir de los ensayos y conciertos. Es preferible esperar a un clarinetista en el bar de enfrente que en los camerinos o en la puerta del teatro o auditorio.

El clarinete en la orquesta

Tal y como se dijo anteriormente, es el instrumento de viento madera que más tarde se incorporó a la orquesta, pero no por ello tiene menos importancia. De hecho, no podemos hablar de «el clarinete» como singular, sino más bien de la «familia del clarinete», ya que lo comprenden nada más ni nada menos que siete instrumentos, siendo los más comunes los siguientes:

En el repertorio orquestal, los instrumentos básicos son el clarinete soprano en si bemol y la. Estos son los clarinetes comunes y a los que generalmente solo se les llama «clarinete». Después tenemos el clarinete requinto, que suena más agudo* que el clarinete soprano, y finalmente el clarinete bajo, que suena más grave* que el clarinete soprano.

Si el espectador se fija bien, podrá ver cómo los clarinetistas cambian de manera fluida y normal estos modelos, sobre todo los dos sopranos. ¡En algunas obras de compositores románticos un mismo intérprete puede llegar a utilizar los cuatro instrumentos!

El reto

Como solista

Concierto para clarinete en la mayor KV 622, de W. A. Mozart. Como instrumento solista, todo clarinetista debe afrontar en algún momento de su carrera este concierto. Aunque no es uno de los conciertos técnicamente más exigentes, el reto en esta celebérrima composición es hacer una versión propia con la que te sientas seguro/a, y que respete el estilo clásico. Las críticas, de cualquier tipo, están aseguradas.

En orquesta

En el plano orquestal son varios los retos a los que se enfrenta todo clarinetista: desde tener preparado el instrumento correspondiente clarinete en la o clarinete en si bemol —los pasos de página y de movimiento pueden jugarte una mala pasada—, que estén afinados todos los clarinetes cuando vayas a utilizarlos —quizá estés tocando toda una sinfonía con el clarinete en si bemol y en el último movimiento necesites el clarinete en la o el clarinete requinto; en esos momentos rezas para que la temperatura ambiente del auditorio haya sido estable y el instrumento no se haya desafinado—, que no pite la caña —¿quién no ha oído un pitido del clarinete?—, o que las llaves* que vayas a usar para la melodía que tienes que tocar tú solo no tengan agua y no cierre bien el agujero

—apiádense del clarinetista en las intervenciones solistas de *Scheherezade Op.35*, de N. Rimsky-Korsakov—. Todo esto, por no mencionar ciertos pasajes complicados que ponen a prueba tu estudio, como en la maravillosa obra *Pedro y el lobo Op.67*, de S.Prokófiev.

El fagot

Laura Usano Fernández

El fagot es el instrumento más grave* de la familia de vientos madera.

Para entender su personalidad tenemos que conocer a su predecesor, el bajón o dulcián. Había distintos tamaños y ofrecía diversos registros*, por ello era el instrumento que más se usaba en los S. XVI y XVII. Se amoldaba tanto que podía hacer música tan dispar como puede ser la religiosa o la militar.

Con su evolución pasó a llamarse fagot, incluyendo el apellido de la época en el que estaba para diferenciarse unos de otros ya que eran diferentes: fagot **barroco**, fagot **clásico**, etc. También señalar que el fagot a día de hoy tiene un familiar más grande y grave que es el contrafagot.

El fagot barroco contaba con un gran número de orificios y escasas llaves*, que es así como llamamos a las teclas de este instrumento.

Con el paso del tiempo y para mayor comodidad del intérprete, se fueron incorporando más llaves*, hasta llegar al fagot actual con un total de cinco orificios y veinticuatro llaves*.

El fagot actual se transporta desmontado en cuatro piezas, ya que montado, mide aproximadamente 1, 35m.

En la orquesta destaca debido a su dulzura y facilidad de empaste heredada de su antecesor. Por ello suele ser el instrumento que se utiliza como unión entre la sección de viento y la de cuerda.

Sus dos características más importantes son su amplio registro* y su articulación. Para comprobar su registro* más grave* puede escuchar el abuelo en *Pedro y el lobo* de S. Prokofiev, y para el más agudo* el comienzo en *La consagración de la primavera* de I. Stravinsky.

Para comprobar su articulación, ligados, picados y demás tecnicismos de músicos, pueden escuchar *El aprendiz del brujo* de P. Dukas.

El fagotista antes de ir a los ensayos realiza un trabajo artesanal, la realización y preparación de las cañas. No se olvide, estimado lector, que el fagot, al igual que el oboe, es un instrumento que utiliza doble caña para producir sonido. Este trabajo previo es muy importante y el más complicado, porque estas son las responsables de que el fagot suene y lo haga bien. Una vez que las cañas que vayamos a utilizar estén en un estado óptimo, el fagotista tiene que tocar por todos los registros* que tiene el fagot y con todas las articulaciones o maneras de tocar: legato*, picado, etc., para tener al fagotista y al fagot calientes y preparados para empezar a tocar en serio.

Cuando hay un ensayo o concierto siempre hay que estar antes del comienzo para poder montar y ponerse a punto, o sea, calentar.

Durante el ensayo hay que estar muy pendiente de las indicaciones del director, de los bajos de la cuerda, como son el contrabajo y el violoncello, y sosteniendo el peso sonoro de todos los vientos. Para que esto sea posible, su posición en la orquesta debe estar en la fila de atrás de los vientos madera.

Una vez finalizado el ensayo o el concierto hay que desmontar cada una de sus piezas y limpiarlas bien por dentro, ya que siempre queda resto de humedad de la condensación del aire, y si no se limpiara la madera se hincharía, las llaves* no encajarían y no se taparían los agujeros. Por eso, con tanto limpia que te limpia y seca que te seca… el fagot siempre es el último en salir.

El reto

Como solista

Concierto para fagot y orquesta de André Jolivet. En el primer y tercer movimiento hay notas muy rápidas y se producen saltos de notas muy agudas a notas muy graves*. En el segundo, por el contrario, tiene frases largas y difíciles de aguantar con la respiración. Cuando se interpreta esta gran obra se acaba muy cansado, por la exigencia que conlleva.

En orquesta

Consagración de la primavera de Igor Stravinsky. En esta obra se comienza con el fagot en su extremo más agudo*, rompiendo todos los esquemas de este instrumento hasta entonces. Es un solo orquestal al que todos los fagotistas le tenemos mucho respeto, porque es extremadamente difícil comenzar a tocar en ese registro* tan agudo*.

La orquesta sinfónica

Podríamos decir que la orquesta sinfónica nace en el siglo XIX con la introducción de todos los instrumentos de la familia de viento metal, y según avanza el siglo XIX y llegamos al XX la introducción de nuevos instrumentos de percusión.

El número de músicos que compone la orquesta sinfónica es superior a cuarenta. Como le he ido mencionando en capítulos anteriores, querido lector, la base siempre está en la sección de la cuerda. En este caso, al introducir más instrumentos de viento metal, necesitamos ampliar también el número de instrumentos de cuerda, de tal manera que podremos tener desde doce violines primeros, diez violines segundos, ocho violas, seis violonchelos y cuatro contrabajos, hasta veinte violines primeros, dieciocho violines segundos, quince violas, diez violonchelos y seis contrabajos. Todo va a depender de la densidad que requiera la obra y de la cantidad de instrumentos de viento metal y de percusión que haya.

La colocación sería la siguiente:

Set de percusión

Timbales

Trompeta 3 Trompeta 2 Trompeta 1 Trombón 1 Trombón 2 Trombón 3 Tuba

Clarinete 2 Clarinete 1 Fagot 1 Fagot 2   Trompa 4 Trompa 3

Piano y/o arpa   Flauta 2 Flauta 1 Oboe 1 Oboe 2   Trompa 2 Trompa 1

Violines segundos   Violas   Contrabajos

Violines primeros   Violonchelos

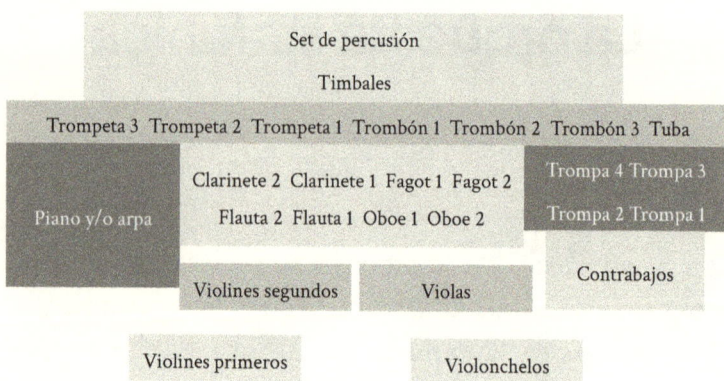

Esta colocación de los instrumentos de percusión y viento metal al fondo del escenario está relacionada directamente con la capacidad de emisión de sonido de los instrumentos. Esto es, como la percusión y los instrumentos de viento metal son los más potentes, se colocan al final para que el sonido final resultante sea equilibrado con el viento madera y la cuerda.

Igualmente, mientras que el número estándar de viento madera y metal es el que señalo en el esquema, podemos encontrar obras en las que el compositor requiera de más instrumentos de las diferentes familias de viento. Un ejemplo lo podemos encontrar en la obra de Arnold Schoenberg titulada *Gurrelieder,* que está formada por la siguiente instrumentación: ocho flautas (de las cuales cuatro de ellas tocan también el flautín), tres oboes, dos cornos ingleses, cinco clarinetes, dos clarinetes bajos, tres fagotes, dos contrafagotes, diez trompas, seis trompetas, un trombón alto, cuatro trombones tenores, un trombón bajo, un trombón contrabajo, una tuba, veinte violines primeros, veinte violines segundos, dieciséis violas, dieciséis violonchelos, doce contrabajos, cuatro arpas y una celesta. En cuanto al set de percusión también podemos ver que es muy amplio; Schoenberg especifica en la partitura que necesita seis timbales, un set de tres tom-toms (alto, tenor y bajo), platos, triángulo, una carraca, unas cadenas de hierro, un gong, un carillón y un xilófono. Schoenberg propone para su obra *Gurrelieder* una gran orquesta sinfónica de aproximadamente ciento cincuenta músicos.

Como ve, estimado lector, las posibilidades de la orquesta sinfónica son infinitas, creándonos impresionantes sonoridades con la utilización de unos u otros instrumentos. La orquesta es finalmente un único instrumento mágico que nos hace volar hacia un mundo mucho más lejano de lo conocido.

El reto

De nuevo, más que un reto para la orquesta por su dificultad, es una recomendación para usted, amigo lector. Le propongo escuchar la obra de Benjamin Britten titulada *Guía de orquesta para jóvenes*. En esta obra, un mismo tema o melodía se desarrolla por las diferentes secciones de la orquesta, primero como sección y posteriormente de forma individual con cada uno de los instrumentos. Es una obra ideal para conocer la orquesta sinfónica.

La sección de viento metal

Como le he mencionado anteriormente, querido lector, el pertenecer a una u otra familia de instrumentos de viento, nada tiene que ver con el material del que están construidos, sino con la manera de producir la vibración del aire.

En el caso de los instrumentos de la familia de viento metal, la vibración del aire se realiza desde los labios. Tal y como dice David Ruiz en su capítulo del trombón, los labios se colocan en la boquilla con forma de embudo y en vez de soplar, tenemos que hacer una especie de pedorreta para provocar la vibración del aire.

La mayor diferencia de esta familia con sus primos de viento madera, es que todos los diferentes instrumentos que la forman tienen el mismo tipo de boquilla con forma de embudo. El tener el mismo tipo de boquilla produce un timbre* muy similar entre los diversos instrumentos, y con ello una mayor homogeneidad en el sonido y en la emisión.

Los instrumentos que pertenecen a esta familia son: la trompeta, la trompa, el trombón y la tuba. Como vemos, vuelve a haber cuatro instrumentos para completar las cuatro voces de las que hablábamos en el capítulo dedicado a la sección de cuerda frotada, y del mismo modo que sucedía en la sección de viento madera, cada instrumento tiene una melodía diferente. Por lo general, en la orquesta tenemos dos trompetas, dos o cuatro trompas, tres trombones y una tuba, por lo que tendremos diez melodías diferentes (en caso de que haya cuatro trompas).

Ahora bien, podemos apreciar una gran diferencia con respecto al viento madera. Si bien en la sección de viento madera había dos instrumentos de cada instrumento, aquí, en la sección de viento metal, el reparto es más desigual, hay dos trompetas, puede haber dos o cuatro trompas, hay tres trombones y una única tuba. Esto es debido a que dentro de cada grupo de instrumentos se crean subfamilias con funciones diferentes. Las trompas, por ejemplo, debido a su amplitud de registro* se dividen en trompa 1, trompa 2, trompa 3 y trompa 4, creando entre ellas un único coro de cuatro voces de agudo* a grave*. Los trombones junto con la tuba, también crean ese mismo coro de cuatro voces teniendo tres tipos de trombones diferentes según su longitud. De esta forma tendríamos de agudo* a grave*: trombón alto, trombón tenor, trombón bajo y tuba. Las trompetas son el instrumento con el sonido más agudo* de toda la familia viento metal. Siendo solo dos, su función es más de acompañamiento, consiguiendo de vez en cuando potenciar la grandiosidad de una melodía.

Es interesante comentar que el primer instrumento que aparece en la orquesta de manera regular es la trompa. Debido a su registro* y su timbre* es un instrumento ideal para ensamblar otras familias diferentes como son la cuerda y el viento madera. Una formación muy común en la orquesta del siglo XVIII es: cuerda, dos oboes y dos trompas. Las trompas aquí hacen de «pegamento» para que la fusión entre cuerdas y oboes sea menos contrastante.

La colocación de esta sección de la orquesta es en una segunda altura tras el viento madera:

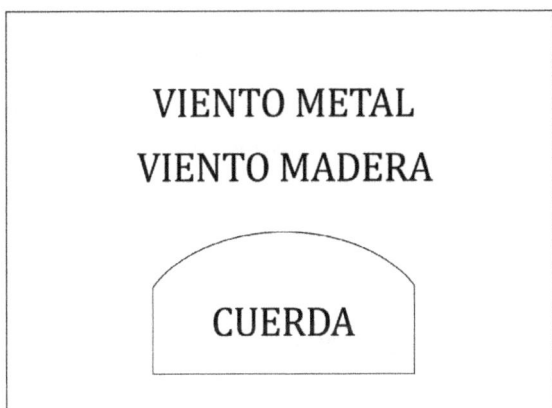

VIENTO METAL

VIENTO MADERA

CUERDA

Esa posición más alejada del público se debe a la potencia de su sonido. El viento metal se coloca en ese tercer lugar para equilibrar su potencia con el resto de la orquesta y que finalmente el resultado último sea una sonoridad equilibrada de todas las secciones que hay en la orquesta. Ahora bien, dependiendo de la época, de la obra y de los gustos del director, los diferentes instrumentos de esta familia se colocarán de una manera u otra. La colocación más común es:

Trompeta 2	Trompeta 1	Trombón 1	Trombón 2	Trombón 3	Tuba
				Trompa 4	Trompa 3
				Trompa 2	Trompa 1

Si bien hay directores a los que les gusta poner las trompas a la izquierda, a mí me gusta ponerlas a la derecha porque tienen un registro* similar a las violas. Pero como le digo, apreciado lector, esto a veces depende mucho de la acústica del auditorio, de la obra y de los gustos del director. El objetivo final de esta colocación tiene que ser el mayor equilibrio sonoro de todos los instrumentos de la orquesta.

La trompeta

Sergio de Juan Sáenz

Cuando Edgar me comentó que escribiera acerca de mi instrumento, insinuando que yo lo conocería bien, le contesté que sí, que claro que lo conozco, bien, bastante bien, muy bien... ¿Quizás demasiado bien?

Y para empezar a hablar de la trompeta, qué mejor que un poco de historia. Se puede resumir así: se empezó tocando esto:

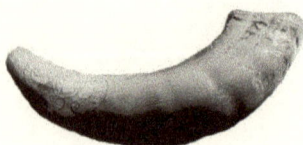

Para acabar tocando esto otro:

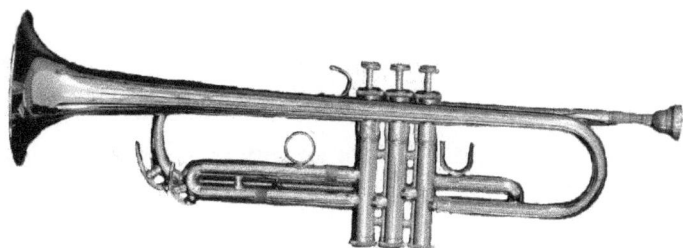

Aunque parezca increíble, así es. Desde la prehistoria con cuernos de animales, ha ido evolucionando hasta la trompeta moderna de pistones*, cuyo diseño más o menos definitivo data de principios del siglo XIX, pasando por infinidad de experimentos y evoluciones con conchas de moluscos, madera, varas móviles, llaves*, un pistón*, dos, etc.

En cuanto a su funcionamiento es básicamente un amplificador de la vibración de los labios, que son los que producen el sonido. Pero el tubo tiene vida propia, y por unas leyes de la física (que no voy a mencionar) cada tubo produce no solo una nota, sino una serie de notas a las que llamamos armónicos* (do, sol, do, mi, sol, si bemol, do, re, mi, etc.). Estos sonidos armónicos* o notas, se consiguen variando la velocidad y la presión del aire, de tal manera que a mayor velocidad del aire, sonidos más agudos*, y al contrario, cuanta menos velocidad del aire, sonidos más graves*. Es decir, que un cuerno —que no es más que un tubo—, junto con la vibración de los labios, puede producir una serie de notas como la que he mencionado antes (do, sol, do, mi…).

Centrándonos en la trompeta moderna de tres pistones*, está formada por un tubo principal y tres segmentos de tubo auxiliares, que corresponden a los tres pistones*. Con el tubo principal un trompetista ya es capaz de emitir la famosa serie de notas (serie armónica*), pero al pulsar un pistón lo que conseguimos es conectar el tubo auxiliar correspondiente con el tubo principal, haciendo el tubo más largo, y consiguiendo con ello otra serie diferente de armónicos*. De esta manera, gracias a la existencia de los tres pistones* más las posibles combinaciones entre ellos (1° y 2° a la vez, 1° y 3°, 2° y 3°, 1° 2° y 3°) con sus correspondientes series diferentes de armónicos*, podemos tocar todas las notas. Pero todo este mecanismo, aunque no lo parezca, es bastante sencillo.

Lo «interesante» es aprender a localizar todas las notas. Porque al poder producir bastantes notas con un mismo tubo o apertura de segmentos, lo «divertido» es acertar en la que quieres o tienes que tocar, y no en las demás. Al principio los estudiantes se desesperan: quieren tocar un sol y les suena un do; quieren tocar un do y les suena un sol… ¡Realmente parece que tiene vida propia!

Cuando ya eres un trompetista experimentado, que lleva bastantes años tirando a la diana o rezando a la diosa Fortuna para acertar con la nota requerida, la cosa tampoco mejora mucho. Siempre tienes ese temor metido en el cuerpo: «¿Acertaré la nota?». Pongámonos en situación: estás en medio del concierto, los violines tocando su parte, y se acerca tu intervención. Coges bien el aire y emites la nota con toda la ilusión y ganas, pero… emites otra de la serie. ¡Horror! Se entera de la «pifia» hasta el hombre que está en la taquilla del teatro, por no mencionar la mueca o mirada un tanto «amenazante» que te regala Edgar, nuestro director...

Y así pasan los años, bastantes años, muchos años, ¿quizás demasiados años? Y lo que no te mata te hace más fuerte; vamos, que o sucumbes a la presión de caminar por la cuerda floja todos los días, o te forja el carácter a fuego. Te hace vivir el momento, ser un aventurero, un osado; te hace sentir como un deportista extremo que se lanza al vacío. ¿Acertaré la nota? ¿Se abrirá el paracaídas? Preguntas que uno se hace. Bueeeeno..., puede parecer exagerado y un poco lo es, pero las emociones que siente durante su interpretación un músico en general y un trompetista en particular deben de estar en ese punto: emociones intensas, vivas y exageradas, que harán sentir de la misma manera al público. Porque al final nos dedicamos a dar, a expresar, a contar generosamente experiencias, disfrutando y sufriendo por igual para hacerlo lo mejor posible, regalando toda esta vida.

Y digo regalar toda esta vida porque lo que hacemos los músicos para suplir esta inseguridad es practicar, practicar bastante, practicar mucho, ¿quizás practicar demasiado? Invertimos mucho tiempo en la práctica y el estudio de manera muy regular y disciplinada. ¡Uy como se nos ocurra dejar de practicar una semana, o dos, o un mes! No sé lo que es eso. El día que vuelves a estudiar después de una semana sientes que tienes el cuerpo del revés, que te han cambiado el instrumento o que se ha roto.

¡No suena como siempre! Tienes unas sensaciones muy diferentes a las que recordabas y ponerse al día te lleva varias sesiones de práctica, con la fatiga prematura que supone, porque los músculos se han mal acostumbrado a estar de vacaciones. Músculos como los de los labios y cara, que no están diseñados para soplar ni aguantar la tensión a la que los sometemos, y los músculos de la respiración, que si no practicas un deporte regularmente se niegan a darte lo que les pides.

Por eso en vacaciones hay que contar con la trompeta, dejar hueco en el maletero, pensar en un lugar donde poder practicar, y las vacaciones en pareja… a veces son un trío amoroso difícil de llevar por aquello de que tres son multitud.

Sí, amoroso, porque a pesar de que hasta ahora he comentado más aspectos negativos de la práctica de la trompeta que positivos, es un instrumento que te enseña y te da muchas cosas. Es una relación amor-odio que afortunadamente se equilibra, porque de lo contrario se rompería o se sufriría demasiado. Pero como ya he apuntado, te enseña a ser disciplinado, muy constante y concienzudo a la hora de conseguir tus objetivos y perseguir tus éxitos. Te enseña a vivir contigo mismo, a conocerte, como si de una meditación transcendental se tratase. Y no te regala nada, absolutamente nada. Te obliga a esforzarte y por supuesto te hace más fuerte. Aquí está la gran satisfacción: la de conseguir lo que uno se ha propuesto; la de encontrar tu sonoridad personal y tener un vehículo de expresión propio; la de poder crear algo bello, sentimental y emocional; la de contar algo único al público. Es algo adictivo.

Y ¿cómo explicar esa sensación tan especial de tocar en una orquesta o agrupación? La trompeta suele intervenir en momentos puntuales, normalmente los más álgidos de la música, los clímax, o los momentos más heroicos, valientes, contundentes y enérgicos de las composiciones. Aquí sale a relucir ese carácter forjado día a día, esa satisfacción de conseguir la sonoridad, esa fuerza, ese amor hacia el instrumento, el público y la música, que se proyecta a través de las notas (acertadas, esperemos...) producidas en una explosión potente y sonora, acompañada por la orquesta, elevando las emociones hasta donde se pueda. Piel de gallina, escalofrío, imágenes pintadas en la imaginación, recuerdos evocados, lágrimas en los ojos, pulso acelerado... El círculo se cierra y concluye la obra. Has practicado, has encontrado, has desarrollado, has interpretado, has emocionado y te has emocionado. Es una buena manera de sentirse vivo y en el presente.

El reto

Como solista

Dentro del repertorio como solista he escogido *Incantation, Thrène et Danse* para trompeta y orquesta, de Alfred Desenclos. Es una obra que nos pone a prueba técnica y musicalmente. Técnicamente tiene partes muy fuertes, rápidas y agudas, y otras lentas delicadas y suaves, que hacen que llegues al final muy cansado, y ahí es donde te remata con las notas más agudas y fuertes de toda la obra.

Musicalmente comienza con un carácter rudo, recordando algo ancestral o primitivo, seguido de un halo de misterio y magia, que nos conducirá hasta la danza tribal, onírica, de trance y apoteósica final.

En orquesta

Una de las obras más importantes para la trompeta dentro del repertorio orquestal es la *Sinfonía Nº 5* de Gustav Mahler. En ella este instrumento tiene muchas intervenciones, y muchas de ellas bastante difíciles, muy sonoras y con frases largas, al estilo de Mahler. Es muy importante que las cuatro trompetas de la orquesta estén muy bien equilibradas y toquen como si fueran un único músico. Esta sinfonía es muy reconocida por su comienzo, un «solo» de trompeta (pero solo, solo… que solo suena ella), lo que también hace que nos tiemblen un poco las piernas. Vamos, que empezamos «acongojados».

Esta obra es muy conocida por el gran público gracias a su 4º movimiento, *adagietto*, que aparece en la película *Muerte en Venecia* del director Luchino Visconti, basada en la obra literaria de mismo nombre del escritor alemán Thomas Mann.

La trompa

María José García García

Al igual que toda su familia de viento metal, procede del cuerno, pero de todos ellos es el que más evoca hoy en día a su antepasado. Esta estrecha relación la conserva en su nombre en muchos idiomas (*french horn, cor, corno…*).

Fabricado en sus inicios en hueso, madera o metal, era usado con fines principalmente comunicativos, ceremoniales, señales de llamada, batalla o caza.

Se fue fabricando cada vez con mayores dimensiones, consiguiendo así producir mayor cantidad de sonidos, aumentando sus posibilidades musicales y dando lugar a diferentes ancestros del instrumento actual.

Consideramos la trompa de caza como el antecesor más directo de la trompa. Se portaba sobre el hombro a caballo y se cree que el hecho de que actualmente las llaves* (las llaves* son unas especies de teclas que sirven para producir más notas musicales) estén colocadas para la mano izquierda tiene que ver con ello.

Como curiosidad, quiero destacar que el símbolo de correos que hay en diferentes países es nada más y nada menos que una trompa. El motivo es este origen comunicativo que tenía la trompa. Cuando el correo, hace siglos, se transportaba a caballo, los carteros avisaban de su llegada tocando un corno.

En las pomposas cacerías reales de Francia se hicieron cada vez más musicales los toques de llamada y las fanfarrias* para el instrumento, que empezaron también a interpretarse en las veladas cortesanas. Al introducirse además en teatros para recrear escenas de caza, muchos compositores empezaron a fascinarse por este instrumento que aún no era capaz de hacer todas las notas de la escala*, debido a que solo podía hacer los sonidos de la serie armónica*.

¿Cómo podían hacer diferentes sonidos los trompistas si disponían de un único tubo? Pues sobre todo con los labios, controlando muy bien la presión de aire que dejaban pasar. A más presión de aire, sonidos más agudos*. Ahora bien, no se podían hacer todos los sonidos de la escala*, solo los de la serie armónica*. Por suerte, hacia 1760, Anton Joseph Hampel, trompista de Dresde, descubrió que introduciendo la mano en la campana (la abertura final del instrumento por donde sale el sonido) podía conseguir más notas y ajustar más la afinación*, que a veces fallaba solo con la presión del aire. Gracias a la idea de Hampel y con la adición de tonillos (tubos insertados en el instrumento para variar la afinación* del mismo) se llegaron a tocar grandes obras para trompa. Mozart nos dedicó cuatro conciertos para trompa y orquesta. No fue hasta 1815 cuando se añadieron las llaves*, que al presionarlas nos permiten hacer muchos más sonidos; en realidad todos los sonidos de la escala*. ¡Por fin!

Antiguamente la trompa, como no tenía llaves*, tenía diferentes tamaños para producir diferentes notas. Imaginemos que vamos a tocar una sinfonía cuya nota principal es la nota la, pues yo tenía que coger una trompa que la longitud del tubo me produjese el sonido la y así sucesivamente. Por esta razón, en el siglo XVII y XVIII podemos encontrar trompas de diferentes tamaños: Trompa en la (2,97 m.), trompa en mi, (4,03 m.), trompa en sol (3,33 m.). Actualmente, la trompa más usada mide unos 6,75 metros y se llama trompa doble porque en realidad son dos trompas en una. Si apretamos un botón (pistón) podemos acortar el tubo y hacer que mida solo 2,92 metros obteniendo así otros sonidos más agudos*. Cuanto más corto es el tubo más agudo* es el sonido.

La trompa doble dispone únicamente de tres llaves*, por lo que con una misma posición —o lo que es lo mismo, presionando una única llave— se pueden conseguir muchas notas distintas en función de la presión del aire con la que vibran los labios, la cual debe ser extremadamente precisa.

Los trompistas somos... ¡auténticos héroes! Nadie se da cuenta de lo complicado que es dominar este instrumento y de lo que pasamos cada vez que tenemos que tocar una intervención importante, ya que solo dependemos de la presión del aire. Esa emisión de aire que introducimos en el tubo tiene que ser muy precisa y constante para que produzca la nota que queremos o que está en la partitura, si no saldrá otra nota. Afortunadamente, para corregir la afinación* —otro aspecto muy importante— tenemos el recurso de mover la mano dentro de la campana, lo cual es de gran ayuda. Tocar la trompa es como caminar al borde del precipicio para poder asomarte a ver el paisaje más imponente que puedas imaginar, el sonido más bello del mundo, el sonido de la trompa. La posibilidad de fallo es muy alta, tenemos fama de pifiar mucho, pero todo se debe a las características acústicas del instrumento. Incluso se dice que en el año 1977 fue elegida por el libro Guinness de los récords como el instrumento de la orquesta más difícil de tocar.

Debido a la dificultad de la trompa, se han hecho muchos chistes sobre nosotros. El más famoso es este: «¿Por qué la trompa es un instrumento divino? Porque solo Dios sabe qué nota va a sonar». Bromas aparte, es un instrumento increíble y la verdad es que hay que estudiar (practicar) mucho todos los días. El correcto manejo del aire a través de la respiración diafragmática y ejercitar diariamente la musculatura de la embocadura es lo que nos va a permitir producir el sonido exacto y más bello de la trompa. Un profesor de cámara que tuve decía que tocar la trompa era un acto de fe, y admiraba profundamente a los trompistas por ello. Sin embargo, bien merece la pena todo por tocar este instrumento noble, polifacético y versátil. Igual puede sonar poderoso como el resto de su familia de viento metal, que dulce y cálido junto a la madera. Empasta a la perfección con cualquier timbre*, y eso lo convierte en un instrumento puente dentro la orquesta. En el fondo somos los más amables, amigos de todos los instrumentos de la orquesta.

Me despido con una frase del célebre compositor Robert Schumann:

«La trompa es el alma de la orquesta y la orquesta el instrumento más perfecto».

El reto

Como solista

Concertino para trompa y orquesta en mi menor, Op. 45, de Carl María von Weber. Esta obra, además de interesantísima, es dificilísima. Requiere una gran resistencia, agilidad y saca a la trompa de su registro* más usual, llevándola al límite y haciendo que toquemos una nota bastante más aguda de lo habitual justo al final de la obra, cuando más cansados estamos. No contento con esto, en la cadencia le pide multifónicos*: esto consiste en que el trompista toca unas notas graves* y al mismo tiempo canta una melodía. Sí, han leído bien: el trompista canta y toca al mismo tiempo. Si desea descubrir todas las posibilidades de la trompa, este es es el concierto que tiene que escuchar.

En orquesta

Sinfonía nº 5 – 3º movimiento, de Gustav Mahler. El tercer movimiento de esta sinfonía es como un concierto para trompa solista y orquesta metido dentro de una sinfonía. De hecho, el trompista suele colocarse delante de la orquesta al inicio de dicho movimiento. Es una auténtica preciosidad.

El trombón de varas

David Ruiz Maté

¿Se pueden creer que el trombón existe gracias a los toros? Bueno, no son los únicos responsables; también gracias a las cabras, bisontes y demás animales con cuernos. En la prehistoria, los trogloditas cogieron la costumbre de hacer sonar los cuernos. ¿Cómo? Soplando por el hueco vibrando los labios. Más tarde, en la Edad de los Metales, empezaron a fabricar cuernos con... metales. Es así como se inventaron los instrumentos de viento metal. Trombón significa «tubo o trompa grande». Su mecanismo, la vara, fue una revolución a finales de la Edad Media: ¡podía tocar todas las notas! Sin duda, fue *trending topic* en los palacios y catedrales durante el Renacimiento. Era uno de los instrumentos más apreciados en las cortes de Europa, acompañando a las voces, en las misas o canciones cortesanas de la época. Durante el Clasicismo comenzó a formar parte de la orquesta gracias a compositores como Haydn (en su oratorio *La Creación Hob. XXI:2*), o Mozart (en su ópera *Don Giovanni KV527* o su famoso *Réquiem en re menor K626*). Pero es a partir del

Romanticismo, gracias a Beethoven (con su *Sinfonía n° 9 en re menor, op. 125 «Coral»*), cuando los trombones pasan a formar parte de la orquesta por derecho propio.

Los instrumentos de viento metal se tocan soplando por la boquilla.

La boquilla es una pieza con forma de embudo o de copa, en la que se colocan los labios para que vibren al soplar, haciendo una pedorreta. Esta vibración es la que produce el sonido. Para que los labios vibren a gusto, la boquilla tiene que tener algo de profundidad, y los bordes deben ayudar a sujetar los labios, pero sin clavarse. El funcionamiento del trombón se basa en dos principios: la serie armónica* y la afinación* con la vara. Al soplar un tubo suenan de manera natural unas pocas notas. Esto podemos comprobarlo en casa con un tubo largo, o una bubucela. Para tocar una nota u otra, tendremos que cambiar la presión al soplar. Cada una de estas notas es como si fuese una cuerda de una guitarra. Para poder completar las notas de la escala* que faltan, necesitamos algún mecanismo para cambiar la afinación* de esta nota o cuerda: en la trompeta son los pistones*, en la guitarra son los trastes del mástil... y en el trombón es la vara.

La vara tiene dos partes: una vara interna, que está siempre fija, y otra vara externa, que se desliza de dentro a fuera. Con las notas que suenan en cada una de sus siete posiciones, conseguimos la escala* musical: sería como un mástil de guitarra con siete trastes.

Por último, tenemos la campana. La campana es el agujero por donde saldrá el aire y el sonido. Poco a poco va haciéndose más ancha, hasta que al final se abre de manera muy pronunciada. Si la campana no creciera de diámetro sonaría más dulce y suave, pero el trombón tiene un sonido potente y brillante, que hace despertar al público cuando se está quedando dormido.

En la orquesta suele haber un equipo de tres trombones. El trombón alto, como si fuese el pívot de baloncesto, el más agudo* de ellos. El trombón tenor sería el alero, que está en el medio. Y por último, el trombón bajo jugaría de base, ya que es el más grave* de los tres.

Día a día. Cuidado del instrumento

Los trombonistas trabajamos día a día el sonido, para que sea agradable y no estridente (una cosa es sonar brillante y otra muy diferente es sonar como el chillido de un gorrino). Lo más difícil es aprender la afinación[1], ya que con la vara un milímetro es la diferencia entre sonar celestial o demencial. Si bien despacio se puede controlar, para cambiar de nota rápido hace falta haber estudiado, haber practicado, haber aprendido y... tener suerte en ese instante. Para conseguirlo es importante que la vara esté bien engrasada y se deslice fácilmente, sin atascarse. A decir verdad, es lo único que tenemos que cuidar del trombón. Si hacemos esto, con no golpearlo y limpiarlo con un trapo, el trombón va a estar siempre a punto.

Cómo se siente el trombonista en la orquesta

Al llegar a la orquesta, el trombonista calienta, afina y... ¡a esperar! Cientos y cientos de compases, para en un momento dado dar unas notas (las más importantes, eso sí) y volver a esperar. Con la emoción del momento, los directores suelen aplacar nuestras ansias de sonar: «¡Menos fuerte, trombones!». Pero luego, por fin, llega esa obra, con ese pasaje... Como la *Cabalgata de las valkirias* de Wagner, el inicio de la *Sinfonía n° 3* de Gustav Mahler o el número «Tuba Mirum» del *Requiem* de Mozart. Aquí puedes mostrar todo lo que tú eres, demostrando el poder del trombón, su grandiosidad. Y ahí sí, tus compañeros, el director, el público; todos se quedan maravillados con el trombón. Y es que los compositores, como los buenos cocineros, no abusan de los ingredientes. Hay instrumentos que, como la masa de un pastel, están todo el rato sonando. Pero luego está la guinda del pastel, o ese tropezón de chocolate en el lugar correcto, sin abusar, para culminar. Esto sería el brillo y la potencia del trombón. Y esto hace que valga la pena esperar en los ensayos, en los conciertos... para tocar solo esos cinco minutos de música. Pero, ¡qué cinco minutos! ¡Los más grandes! Es cierto que en otras obras, el trombón lleva un papel menos trascendente, acompañando, haciendo «chin-pum», como en el *Danubio Azul* de Johann Strauss, o la *Danza húngara n° 5* de Brahms. Pero la música es un trabajo en equipo y hay que saber estar a las duras y a las maduras.

El reto

Como solista

Concierto para trombón y orquesta de H. Tomasi. En esta pieza el trombonista demuestra el control de la técnica del instrumento al servicio de la música. La expresividad, la delicadeza, la potencia, la amplitud de sonidos graves* y agudos* o la agilidad del trombón quedan presentes para regocijo del oyente.

En orquesta

Bolero de M. Ravel. En esta pieza, una melodía elegante y sensual es interpretada por diferentes instrumentos, primero en forma de solista, para después irse uniendo poco a poco. Aquí el trombón demuestra no tener nada que envidiar a ningún otro instrumento, mientras que el trombonista está esforzándose tocando las notas del registro* más agudo* sin dejar ver la dificultad que esto supone. Es una obra de máxima dificultad, convertida en un dulce y agradable momento para el público.

La tuba

Daniel Pérez Martín

Como ya han mencionado todos mis compañeros, la tuba —o sea, yo— también procedo del corno, pero en esta ocasión podemos decir que el corno se ha hecho más grande. Mis antecesores tienen unos nombres muy curiosos como serpentón y oficleido. Aunque en realidad, la tuba moderna tal y como me conocéis hoy fue inventada en 1835 por Wilhelm Wieprecht y Johann Gottfried Moritz.

Al igual que el clarinete en los instrumentos de viento madera, yo fui el último instrumento de mi familia en ser añadido a la orquesta sinfónica.

Aunque todo el mundo me vea muy grande y voluminosa (tengo un tubo de aproximadamente siete metros, mido un metro de altura y puedo llegar a pesar hasta 14 kg dependiendo del tamaño), si me cogen unas buenas manos —unas realmente buenas— puedo llegar a ser extremadamente ágil, pudiendo tocar muchas notas rápidas —aunque en la orquesta no suelen utilizar esta característica—, y proporcionando a la orquesta una de las tesituras* más amplias, aunque eso sí, siempre en el registro* grave*. ¡No me podéis pedir que suene como un flautín!

Si os fijáis en mi forma, soy medio trompa y medio trompeta, ya que tengo una forma medio circular como la trompa, para guardar mis siete metros de tubo, y también tengo tres pistones* como la trompeta.

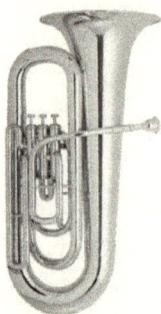

Al igual que mis compañeros de viento metal, pero con mucho más esmero, el tubista tiene que fortalecer su capacidad pulmonar y su musculatura labial, ya que no es lo mismo hacer sonar una trompeta, que hacerme sonar a mí. Mi tubo es mucho más ancho que el de mis compañeros, por lo que mantener un sonido largo y estable en mucho más complicado. Por ese motivo, lo más común en las obras orquestales es que me pongan sonidos no demasiado largos, para que el músico que me esté tocando no se asfixie.

El reto

Como solista

Concierto para tuba y orquesta, de John Williams. He escogido esta obra para demostrar que el maestro de las bandas sonoras también ha compuesto grandes obras fuera de la gran pantalla y porque además es un bellísmo concierto, donde se exprimen al máximo todas las posibilidades de este maravilloso y casi desconocido instrumento: la tuba.

En orquesta

Sinfonía fantástica op. 14 - Dies Irae de H. Berlioz. Escojo esta obra por dos motivos: el primero es que se trata de una obra que todo el mundo debería conocer por su extensión, fuerza y belleza. El segundo es que, como obra para orquesta sinfónica, la exigencia de la partitura de la tuba es muy alta, y además en el número del *Dies Irae* hay una parte en la que la tuba es de vital importancia para mostrar toda la energía que puede tener una orquesta sinfónica con una buena tuba en los graves*.

La sección de percusión

Si bien le comentaba, apreciado lector, que la familia de viento madera es la más heterogénea, la familia de la percusión es la más diversa de todas, ya que cualquier cosa que sea percutida es un instrumento de percusión que nos produce un sonido o timbre* concreto.

Estaremos de acuerdo, querido lector, en que un instrumento de percusión es aquel que suena cuando es percutido o golpeado. Pues bien, en esta familia nos vamos a encontrar dos tipos de instrumentos: los idiófonos y los membranófonos.

» **Los idiófonos** son aquellos instrumentos que utilizan su propio cuerpo o materia para producir sonido. Por ejemplo, unas castañuelas, o incluso una mesa golpeada por una cuchara sería un instrumento de percusión idiófono.

» **Los membranófonos** son aquellos instrumentos que utilizan una membrana para producir sonido. Por ejemplo, un tambor.

Ahora bien, dentro de esta primera clasificación, estos instrumentos se pueden dividir en dos: los que producen sonidos determinados (o sea, notas), y los que producen sonidos indeterminados (o sea, ruido).

- **Instrumento percusión idiófono:**
  — Sonido determinado. Ejemplo: xilófono
  — Sonido indeterminado. Ejemplo: triángulo

- **Instrumento percusión membranófono:**
  — Sonido determinado. Ejemplo: timbales
  — Sonido indeterminado. Ejemplo: pandero

Por lo tanto, si cualquier cosa que es golpeada puede ser un instrumento de percusión, ¡imagínese la cantidad de instrumentos que existen! Siempre dependerá del sonido que usted o el compositor quiera obtener. ¿Quién no ha jugado en una comida familiar a llenar las copas de vino a diferentes alturas y luego golpear con una cucharilla pudiendo incluso a tocar una pequeña melodía? Pues sí, usted ha creado un instrumento de percusión idiófono de sonidos determinados, puesto que cada copa produce una nota, y ese instrumento que usted ha creado está formado por cuatro copas y una cucharilla. ¿Quién no ha jugado con los palillos de un restaurante chino, golpeando todos los utensilios que tenía delante como si fuese una batería? Pues sí, usted ha creado un conjunto de instrumentos de percusión idiófonos de sonidos in-determinados, ya que lo que producía eran sonidos con diferentes timbres*, pero no notas musicales.

Así y con todo, voy a enumerar los instrumentos de percusión más comunes en la orquesta:

Membranófono de sonido determinado

— **Timbales:** Este instrumento es el más común, y aparece en la orquesta desde los comienzos. Está formado por una membrana que cubre la caja de resonancia, que es de forma semiesférica y metálica con baño de cobre o latón. La membrana es golpeada por una baqueta. Según se tense más o menos esa membrana, nos producirá sonidos más o menos agudos*. En las orquestas suele haber mínimo dos, ya que cada timbal producirá solo una única nota.

Membranófono de sonido indeterminado

— **Bombo:** Es como un tambor muy grande. A mayor tamaño, sonido más grave* y profundo. Nunca nos dará una nota concreta, sino más bien una sonoridad profunda que, según se golpee fuerte o flojo, nos producirá atmósferas muy diferentes.

— **Tom-tom:** Es un tambor mediano formado por dos membranas en los extremos (superior e inferior). En la actualidad hay de diferentes dimensiones, aunque la más común es de 21 cm de profundidad por 30 cm de diámetro.

— **Caja:** Es un tambor con menos profundidad que el tom-tom —aproximadamente 14 cm—, y que por lo general lleva unas hebras metálicas en la membrana inferior, que produce un sonido característico, ya que al golpear sobre la membrana superior las hebras vibran produciendo un sonido más metálico. Este elemento de la caja se llama bordón, y es un accesorio que se puede poner o quitar a gusto o petición del compositor.

— **Pandero:** Es casi como la caja, pero sin membrana inferior.

Idiófono de sonido determinado

— **Xilófono, metalófono, marimba o carillón**: En esencia son lo mismo, unas láminas de diferentes tamaños de longitud, que al ser golpeadas por baquetas producen sonidos determinados, o sea, notas. Según el número de láminas y el material, el instrumento recibe un nombre u otro: si es de madera, xilófono; si es de madera con más láminas, marimba; si es de metal, metalófono; si es de metal con pocas láminas y muy pequeñas, carillón. Este último produce un sonido muy interesante.

— **Campanas tubulares**: Este instrumento son unos tubos cortados a diferentes tamaños para producir notas musicales, y que cuando se golpean con un martillo suenan como si fuesen campanas.

Idiófono de sonido indeterminado

— **Platos, triángulo, gong, castañuelas, maracas, carraca:** todos estos y muchos más estarían dentro de los instrumentos de percusión idiófonos de sonido indeterminado, produciendo cada uno de ellos un sonido muy diferente, sobre todo dependiendo del material con el que estén construidos y con el material con el que sean golpeados.

Por supuesto, la baqueta (denominación general del elemento que utilizamos para percutir los instrumentos) con que son golpeados los instrumentos es importantísima, ya que depende de si es de metal, de madera, con recubrimiento de fieltro o sin él, producirá un sonido u otro. Como puede observar, admirado lector, los instrumentos de percusión son todo un mundo y aparte. Vamos a ver qué nos cuenta Jorge Valera sobre estos instrumentos en la orquesta.

La percusión

Jorge S. Valera González

La percusión es el latido de la música, y como tal, los primeros instrumentos de percusión se remontan a los inicios mismos de la propia música. Dos piedras, pequeños tambores, etc., servían a los hombres antiguos para dirigir sus celebraciones y quizá a algún niño hiperactivo para descargar su tensión. A partir del siglo XV, instrumentos como el bombo, la caja, el triángulo y los címbalos aparecen en la orquesta para marcar el ritmo, generalmente en música militar. En el siglo XVII, Lully incorpora los timbales a la orquesta, y con ello seguramente nacieron las primeras empresas de transporte. Sin embargo, no es hasta finales del siglo XIX y principios del XX cuando los músicos impresionistas (¡Ay, Ravel!), nacionalistas y serialistas empiezan a aprovechar toda la diversidad de instrumentos que componen esta familia y a explotar sus recursos técnicos, ampliando los horizontes de los instrumentos de percusión (¡y de las empresas de transporte!) y haciendo que los percusionistas nos divirtiésemos mucho más en la orquesta.

La variedad de esta familia hace difícil generalizar cuestiones técnicas de estos instrumentos. ¡Hay incontables instrumentos de percusión, como os ha dicho Edgar! Evidentemente, lo que casi todos estos instrumentos tienen en común es que para tocarlos resulta indispensable el uso de baquetas. No es que no nos preocupe el medio ambiente y tengamos que tener tropecientas baquetas. En realidad cada baqueta tiene un uso, y en función del material, el grosor o la cabeza de la baqueta, se obtendrán unos sonidos u otros. Así, las baquetas utilizadas para tocar los timbales tienen un palo de madera de bambú y un fieltro en la cabeza. La función del fieltro es la de obtener un sonido más ligero, y además, dependiendo de su grosor, permitirá obtener sonidos más fuertes o más débiles. Por contra, las baquetas empleadas para tocar la caja o el tom-tom son de otro tipo de maderas (roble, arce, noble), en las que al buscar un sonido más profundo, se prescinde de la cabeza con fieltro. En lo que refiere a otros instrumentos, podríamos decir que tenemos situaciones intermedias en las que varían el material, el grosor y el tamaño de la cabeza, pudiendo encontrarse grandes mazas para tocar el bombo y finas baquetas para tocar la marimba.

Pero, ojo, cuidado, ¡hay que saber cómo coger las baquetas! En todos los instrumentos mencionados resulta imprescindible realizar lo que se conoce como «la pinza», utilizando el pulgar y el índice, para obtener un buen agarre y poder realizar un buen golpeo con la muñeca. Después, en función del instrumento, el resto de dedos tendrán una participación mayor o menor y se podrán obtener distintos sonidos y efectos jugando con ellos.

Otro factor a tener en cuenta es en qué parte del parche o del instrumento se toca. Por lo general, en instrumentos como los timbales o la caja es preferible golpear la zona intermedia entre el borde y el centro, mientras que en la marimba o el xilófono hay que tocar en el centro de la lámina. ¡Hasta el triángulo tiene una zona apropiada de golpeo!

Los percusionistas debemos de trabajar todos los días nuestras muñecas con ejercicios de calentamiento, para mantener la elasticidad y tener unas muñecas veloces. También es útil mantener en forma la cintura, sobre todo cuando se tiene un set de percusión o tres o más timbales. Respecto a cada instrumento, es muy importante comprobar el estado del parche en membranófonos, comprobando que esté tensado apropiadamente, y jugar con las distintas partes del parche en función del sonido que se busque. En la marimba y en el xilófono, ambos idiófonos, es útil comprobar el estado de las láminas y mecanizar movimientos. La pequeña percusión, a pesar de ser maltratada en Navidades, es frágil, y como tal requiere cuidado y delicadeza.

Cuando tengo ensayo de orquesta, normalmente llego una hora antes que el resto para montar todos los instrumentos al fondo del escenario. El instrumento que más se utiliza en orquesta sinfónica es el timbal, por lo que el procedimiento habitual implica afinar los timbales y estar preparado para los tres segundos en los que tocas en la obra, en los que te vienes arriba y el director te dice que toques menos fuerte. Antes y después de esta entrada, el percusionista desarrolla una espectacular habilidad para contar compases y es constantemente tentado para perder la concentración —generalmente buscando a su familia entre el público—. Para reforzar estas capacidades cognitivas, que complementan la formación integral del percusionista, se recomienda encarecidamente tocar conciertos para violín o piano y orquesta. Cabe recalcar que dependiendo del tipo de obra, el percusionista puede, o bien tener una mera función rítmica, o bien acompañar al viento metal o a violonchelos y contrabajos soportando la armonía* en partes fuertes, dando brillo y carácter en ciertos momentos, como por ejemplo en la obra *Los reales fuegos artificiales* de Händel o en la *Sinfonía Júpiter* de Mozart. Si la obra es más tardía —siglos XIX-XX— puede tener más peso y utilizar más instrumentos, lo cual suele supone un reto superior a nivel individual y es más entretenido. Bajo mi punto de vista, es muy importante que el percusionista sea capaz de escuchar al «andamiaje» de la orquesta y mirar al director para mantener el tiempo deseado. Para mí, lo más gratificante es poder conectar con todos mis compañeros y sentirme el latido de la orquesta en muchos momentos de la obra. Finalmente, tras la actuación, me voy el último, desmontando mis instrumentos y, aprovechando la coyuntura, los de mis compañeros y parte del escenario, valorando la posibilidad de montar mi propia empresa de mudanzas.

El reto

Como solista

Concierto para marimba y orquesta de cuerda de E. Séjourné. Para mí, uno de los conciertos para marimba y orquesta más difíciles y virtuosos.

En orquesta

Historia de un soldado de Igor Stravinsky. Me encanta tanto la dificultad del *set* de percusión (tom-toms, plato, triángulo) como la del resto de papeles de la obra.

Otros instrumentos

Para concluir, me gustaría presentarle, apasionado lector, tres instrumentos que no suelen estar de forma regular en la orquesta, pero que han sido muy importantes en diferentes momentos de la historia.

- **El clave o clavicémbalo** fue muy utilizado durante el periodo barroco. Podríamos decir que tiene la función del director de orquesta, pero desde las teclas tocando a veces casi todas las voces, para buscar una sonoridad más rellena y empastada.
- **El arpa.** Uno de los instrumentos más antiguos que se conocen y que se introdujo en la orquesta sobre todo en el siglo XX, gracias a la música expresionista de los franceses.
- **El piano.** A pesar de su predominante uso solista, a finales del siglo XIX se empezó a introducir en la orquesta como un instrumento más para proporcionar al grupo un timbre* y color diferente. El piano dentro de la orquesta y no como solista nos muestra claramente la evolución de la orquesta.

Si nos fijamos, los tres instrumentos son de cuerda. El clave y el arpa son de cuerda pulsada. En el arpa las cuerdas son pulsadas por los dedos y en el clave al presionar las teclas es una púa lo que pulsa la cuerda. El piano es también de cuerda, pero en este caso percutida, ya que al presionar las teclas hay unos pequeños martillos que percuten la cuerda.

La colocación de estos instrumentos en la orquesta también es importante. Mientras que el clave en el barroco, se solía colocar en el centro por esa función de director de orquesta, el arpa y el piano suelen situarse en el lateral izquierdo tras los violines segundos. El hecho de colocarse en ese espacio es porque suelen tener un registro* agudo* en sus participaciones. Nuevamente le recuerdo, intrépido lector, que la colocación dependerá en muchos casos de la obra y la acústica del auditorio.

El clave

Yago Mahúgo Carles

Si para empezar presentamos el clave como un instrumento que sirve para montar una buena hoguera, podría parecer que estamos bromeando, pero no haremos otra cosa que describir varias escenas históricas que pueden explicar por qué el considerado como el instrumento rey del Barroco y parte del clasicismo, hoy sea casi un perfecto desconocido. Intente contestar a las siguientes preguntas por absurdas que le parezcan: ¿qué tiene que ver un clave con un laúd? ¿Cuántos pájaros es necesario cazar para fabricar un clave? ¿Cómo perjudicaron los trinos* a la música de clave? ¿El clavicordio es un clave con incordio? ¿Cómo se llama al intérprete de clave? Si no conoce la respuesta a alguna de estas preguntas, le convendría seguir leyendo.

Francia, 1789. Los claves sufren una oleada de destrucción masiva como el resto del mobiliario de palacios de nobles y mansiones burguesas, saqueadas por las enardecidas multitudes de la Revolución Francesa. Los pocos claves que sobreviven son incautados por las nuevas autoridades como parte de la colección del Conservatorio de París y terminan quemados a sus puertas en sucesivas oleadas de frío, o en hogueras festivas para celebrar la llegada del Nuevo Imperio en 1852. Así acabaron aquellos nobles instrumentos que habían alumbrado a los mayores maestros de su interpretación y autores cumbre del Barroco francés: François Couperin y Jean-Philippe Rameau. Y es que el clave había sido eclipsado por el *fortepiano*, que al alcanzar un mayor volumen acústico —antes del invento del micrófono—, resultaban más adecuados para interpretar obras musicales en escenarios que evolucionaban desde la intimidad de los salones hacia espacios públicos de tamaño creciente, como salas de concierto y teatros, capaces de albergar a muchos más espectadores. Finalmente, el clave dejó de usarse y acabó por ser considerado un mueble inútil, hasta convertirse en algo así como una especie de instrumento en extinción.

Tanto es así, que no se volvió a construir un clave hasta bien entrado el siglo XX, cuando una generación de músicos interesados por la historia se preocupó por interpretar las piezas del periodo Barroco de la manera más similar posible a como fueron compuestas. Así, de pronto, el clave volvió al centro de la escena. El problema es que no quedaba un solo clave en todo el planeta en condiciones de ser tocado, y los fabricantes de pianos tuvieron que volver a aprender a construirlos, casi desde cero. La pregunta a la que tuvieron que contestar estos constructores modernos de claves fue: ¿qué diferencias hay entre un clave y un piano?

La principal diferencia entre un clave y un piano es que el piano es un instrumento de cuerdas percutidas: cada tecla acciona un mecanismo por el cual se martillea una cuerda afinada para emitir una determinada nota. En el clave también suenan notas que salen de cuerdas afinadas, pero no por ser golpeadas o percutidas, sino punteadas o pulsadas, del mismo modo que se puntean o pulsan las cuerdas de un laúd o de una guitarra. Por ser muy gráficos: el clave es una especie de laúd o guitarra enorme al que se le hubieran puesto unas teclas para hacerlo sonar. Con esto hemos dado respuesta a la primera de las preguntas que formulábamos al principio: al igual que el laúd, el clave es un instrumento de cuerda pulsada. Y de paso contestamos otra de las preguntas: clavicordio es el nombre por el que se conoce al abuelo del piano, uno de los primeros instrumentos de tecla con cuerdas golpeadas, que los artesanos de los instrumentos musicales probaron a fabricar. No es lo mismo clavicordio que clave: el sonido lo producen de manera diferente. El incordio del clavicordio es que sonaba muy bajito.

Originalmente las cuerdas del clave eran pulsadas mediante mecanismos que accionaban plumas de aves, habitualmente plumas de cuervos, conocidas como plectros. Un plectro es para el clave lo que una púa para una guitarra. Hoy los claves se fabrican con otros materiales y no es necesario salir a cazar pájaros, pero mantienen ese característico sonido que era el mismo que llegaba a los oídos de Johann Sebastian Bach cuando compuso la mayor parte de sus obras, como el famoso *Clave bien temperado,* esto es, el clave bien afinado. Inicialmente, Bach se resistió al cambio del clave por el *fortepiano* y juzgó que los primeros *fortepianos* que había probado eran flojos en los agudos* y nada fáciles de dominar. Pero después cambió de opinión, y es conocida la escena de un señor Juan Sebastián Bach, ya añoso, probando complacido los nuevos *pianofortes* adquiridos por el rey Federico de Prusia. Aunque nunca considerara este instrumento sino como una alternativa por asentar al flexible clave, su nueva visión favorable marca el principio del fin del vetusto clave. Una generación después, su séptimo hijo, Carl Philipp Emanuel Bach, tuvo el raro honor de convertirse en el último gran maestro de la interpretación del clave hasta el siglo XX.

Las cualidades constitutivas del clave son la precisión, la nitidez, la brillantez y la extensión —lo que podría denominarse el mecanismo— con todos sus elementos, a saber: la forma y variedad de rasgos, la complicación de las partes, la ligereza, la vivacidad, la valentía. Sin embargo, los defectos atribuidos al clave como son la sequedad de su sonido, la imposibilidad de prolongarlo o incrementarlo, o la falta de vibración, provocaron errores de estilo entre los clavecinistas o intérpretes de clavecín, nombre francés para el instrumento. Durante mucho tiempo, estos errores de estilo tuvieron un efecto peligroso sobre el gusto: por ejemplo, el abuso de ornamentos o trinos*, que retrasó el desarrollo sentimental de la pura melodía, o más tarde, el empleo inmoderado de repeticiones. Estas fórmulas banales reemplazaron con excesivo protagonismo la marcha noble del bajo y los acompañamientos. La madurez del instrumento durante el final del Barroco permitió a compositores y ejecutantes superar estas debilidades y elevarlo hasta grandes cimas artísticas, enfocándose en sus puntos fuertes. Cuando el clave fue desplazado por el *fortepiano*, el instrumento había dejado una indeleble impronta en la historia de la música, influencia que ha regresado en una época como la actual, cuyo gusto sintoniza de nuevo con el del Barroco.

Dentro de la orquesta y en grupos de cámara, el clave no deja de tocar, es continuo su sonido, de ahí que muchas veces en la partitura de orquesta, en su pentagrama venga señalado como «continuo», en vez de como clave. Sirve de base armónica y rítmica. De hecho, se solía dirigir la orquesta desde el clave.

El clave tiene muchos retos. Es un instrumento que se oye poco, pero es tan importante la base rítmica que da, que si dejase de tocar repentinamente todo el mundo se daría cuenta que falta algo, sin saber el qué. Tocar el clave sin aburrir tiende a ser complicado. Es un instrumento donde es muy difícil conseguir diferencias acústicas de volumen (*forte* o *piano*). Como saben, el *forte* y el *piano* (fuerte y flojo) son los ingredientes más sencillos y llamativos que usamos los músicos. En el clave no contamos con ellos. Eso dificulta la escucha y puede hacer que parezca aburrido. ¡Todo lo contrario! Los clavecinistas tenemos ingredientes que el resto de los músicos utilizan poco, porque no les hace tanta falta: hay que jugar con la articulación (picado, ligado, etc.) y la agógica (fluctuaciones mínimas dentro del pulso). Bien usados, hace que la música para clave sea totalmente evocadora y atrayente. Hay compuestas obras majestuosas, como las *Variaciones Goldberg* o el *Clave bien temperado* de Johann Sebastian Bach, y joyas en miniaturas como los *Preludios* de François Couperin. Hoy en día el clave está viviendo una segunda juventud. Hay muchos compositores actuales componiendo para él. No dejen de buscar grabaciones en YouTube o Spotify para conocerlo mejor.

El piano

Adriana Gómez Cervera

Puede parecernos, querido lector, que el piano es un instrumento joven si lo comparamos con la larga vida que han tenido las flautas o la percusión, pero nada más lejos de la realidad. Sus características básicas (un conjunto de cuerdas sujetas por un bastidor, tensadas sobre una tabla armónica que suenan al ser golpeadas con un elemento percusivo y una caja de resonancia que amplía dicho sonido) se encuentran en instrumentos muy antiguos como la cítara (3000 a.C.), el salterio (2000 a.C.) el monocordio (500 a.C.) el dulcémele o el organistrum (s. X), que fue el primer instrumento de cuerda con un teclado que delimitaba la altura de los sonidos.

Todo esto está muy bien, pensará. Pero, ¿y el clave? ¿Y el clavicordio? ¿Y el virginal? Estos instrumentos, considerados como los antecesores más directos del piano, tienen su expansión en el s. XV, y se diferencian entre sí por la manera de producir el sonido (punzado o percutido) y por las características de dicho sonido. De todos ellos, el clavicordio es el más cercano al piano, puesto que percutía las cuerdas y podía realizar cambios de volumen. Pero cuando se encontraban en su momento de mayor éxito, a principios del s. XVIII, Bartolomeo Cristofori, quien estaba al servicio de los Médici construyó en Florencia un *gravicémbalo col piano e forte* que unía la potencia sonora del clavecín y los matices del clavicordio.

Este instrumento fue evolucionando durante todo el s. XVIII y buena parte del XIX, hasta llegar al instrumento que hoy conocemos, dejando por el camino experimentos con las formas, las estructuras y los sonidos.

El pianista puede actuar tanto de manera solista, como dentro de un grupo. Puede tocar en grupos pequeños (música de cámara), acompañando a cantantes, a bailarines, o en la orquesta, donde tendrá dos roles: solista o como parte del grupo. Por ello, su actitud será distinta según el rol que tenga en ese momento, y esta adaptación a la situación es una de las principales dificultades del pianista. Además, un buen pianista deberá dominar la técnica, no solo para dejar al público boquiabierto, sino para que todos los demás instrumentos confíen en él cuando les acompañe: sus dedos y sus manos deberán ser capaces de hacer toda clase de florituras que se le ocurran al compositor de turno para hacer más explosiva la obra —siempre sin contar con el pobre pianista, que sufrirá y se las deseará hasta que todo salga como es debido, pasándose horas y horas en la banqueta del piano hasta que casi se le desgasten los dedos—, y todo eso sin descuidar el sonido, para que suene todo tan fluido y bonito como podría sonar una flauta, un violín o una cantante. Si ustedes le preguntan a un pianista, ellos lo negarán, pero tienen un poquito de envidia de ciertos instrumentos y la facilidad con la que hacen frases musicales... Y como buen atleta de élite, el pianista deberá cuidar su cuerpo y su instrumento. Tendrá que realizar ejercicios de calentamiento y estiramientos antes y después de tocar, y seguir una rutina adecuada de estudio sin forzar la musculatura y respetando los descansos necesarios para evitar lesiones, tratará con mimo a su instrumento, sin colocarlo cerca de ventanas, puertas, chimeneas o radiadores, protegiéndolo de la luz solar directa, de la sequedad extrema y de la humedad, y afinándolo una o dos veces al año (tarea que siempre debe realizar un especialista).

Cuando un pianista toca con una orquesta en cualquiera de los roles, lo hace con especial ilusión, puesto que no son muchas las ocasiones en las que la orquesta cuenta con un piano. De hecho, si bien durante en el barroco los clavecinistas participaban en la orquesta a modo de director y de relleno armónico, desaparecen durante el clasicismo y el romanticismo, y no vuelven a aparecer hasta bien entrado el siglo XIX de la mano de Camille Saint Sanes Mahler (por ejemplo, en su *Sinfonía n.º 8* o *Sinfonía de los mil,* llamada así por la cantidad de músicos que hay sobre el escenario). Esta tendencia continúa en el s. XX, y el piano pasa a ser integrante de la orquesta, buscando nuevos sonidos y asumiendo distintos papeles: ser un instrumento más de la sección de percusión, doblar a los vientos metales, a las cuerdas o al arpa... ¡Incluso quitando su papel al oboe y dando la nota la para que toda la orquesta afine con él!

Pero tocar en orquesta, para un pianista, presenta dificultades a las que no está acostumbrado y que debe trabajar. La primera de ellas: mirar. Sí, algo tan simple como mirar puede resultar un problema para un pianista novel en la orquesta, y más debido a la situación del piano en el escenario, lejos del director (normalmente cerca de la percusión). Ver más allá de nuestra partitura y levantar la vista hacia el director es necesario si queremos lograr un resultado óptimo de nuestra interpretación, llevar a cabo las indicaciones de nuestro director y que este no acabe lanzándonos la batuta a la cabeza. Además, deberá concentrarse en contar. Sí, contar sin perderse: 1, 2, 3, 4… Puede ocurrir que un pianista tenga muchos compases de silencio (compases sin tocar) y no debe despistarse si quiere tocar en el momento exacto —a esto también ayuda el director dando entradas, pero recordemos el problema que tienen los pianistas al mirar—. Además, el pianista en la orquesta puede tener que tocar otros instrumentos como la celesta o el glöckenspiel a teclado, el harmonium, y acostumbrarse no solo a sus sonidos distintos como a los posibles usos de pedales... El pianista debe ser un músico que sepa adaptarse, que no tenga problemas en leer partituras, buen sentido rítmico y buen oído, y que sepa esconder sus ganas de solista. El pianista pierde en esta situación su protagonismo, pero gana formar parte de un conjunto y escuchar la obra desde dentro, lo cual es una de las sensaciones más maravillosas que puede tener un músico.

Si por el contrario el pianista toca como instrumento solista en la orquesta, la ilusión será máxima, puesto que es el protagonista y este tipo de actuaciones pueden considerarse como reservadas a una élite pianística. Aquí el piano se coloca en primer plano, con la tapa abierta, o sin tapa, para aprovechar al máximo su sonoridad. En este caso, además de los requisitos anteriores, el pianista debe establecer buena comunicación con el director para lograr una interpretación excelente, a la vez que demuestra toda su valía en el escenario. La responsabilidad es máxima, pero si realiza una interpretación buena, las mieles del éxito serán suyas.

El reto

Como solista

Concierto en sol mayor para piano y orquesta de Maurice Ravel. Una de las obras más divertidas y apasionantes a las que se puede enfrentar un pianista como solista es este concierto de Maurice Ravel. Compuesto entre 1929 y 1931, el piano y la orquesta comparten escenario y música, acercándose al jazz, y recordando al oyente a Gershwin y su *Rhapsody in Blue*. El pianista deberá dominar la técnica de su instrumento para solventar con éxito tanto el primer como el tercer movimiento, demostrar sensibilidad para transmitir la dulzura presente en el segundo movimiento y ser capaz de interpretarlo sin perder la frescura ni el toque jazzístico y divertido que caracteriza a esta pieza.

En orquesta

Petrushka de Igor Stravinsky (1911). Para piano como instrumento orquestal, uno de los mayores retos es el ballet *Petrushka* de Igor Stravinsky. Aquí el piano tiene un papel importantísimo, con tanta importancia como el resto de la orquesta. Como dicen muchos libros y páginas *web*, el piano ofrece una música de dificultad casi diabólica, siendo «una marioneta que cobra vida súbitamente, exasperando la paciencia de la orquesta con diabólicas cascadas de arpegios*», con florituras complicadísimas y ritmos complejos que pondrán a prueba la coordinación y el sentido rítmico incluso del pianista más versado.

El arpa

Gloria del Pino López

El arpa es uno de los instrumentos más antiguos que existen. Sus orígenes se remontan al siglo XVIII a.C., como muestran algunos grabados de la ciudad de Tebas, y de otros lugares del Antiguo Egipto.

Es un instrumento de cuerda pulsada, con caja de resonancia y una columna que cierra el triángulo que da forma a este instrumento. Con el paso del tiempo fue evolucionando hasta el modelo que vemos habitualmente en la orquesta: el arpa de 47 cuerdas y 7 pedales, uno para cada nota, con tres movimientos cada uno, con el que el arpista consigue producir semitonos, y con ello cambios de tonalidad.

Hablamos de un instrumento que, como puede imaginar, no es fácil en ninguna de las cuestiones que se plantee, incluso fuera de la interpretación del mismo. Su mantenimiento no es distinto del de otros instrumentos: no hay que dejarlo al sol, no se puede mojar, es necesario mantenerlo a una temperatura óptima... Yo misma incluso he visto como se ha roto alguna cuerda de mi arpa al estar ensayando en una sala demasiado calurosa. ¡Es como un niño! Aunque supongo que para todos nosotros, instrumentistas, nuestro instrumento es como nuestro pequeño bebé, al que hay que cuidar con atención y cariño.

Dentro de la orquesta, el arpa siempre tiene una posición alejada de los demás. La vemos sola, la mayor parte de veces, apartada de las demás secciones, generalmente detrás de los violines segundos. Y no es de extrañar, puesto que el arpa constituye un instrumento solista dentro de la orquesta. No siempre se usa en las composiciones orquestales, pero cuando lo hace es para cumplir una función específica, ya sea de color, para crear ciertas atmósferas, para aportar efectos sonoros, e incluso para intervenir de forma solista en finales de melodías, o por otro lado servir de base armónica para acompañar el solo de otro instrumento (como ocurre en el inicio de *El Lago de los Cisnes, op. 20,* de P. I. Tchaikovsky, donde el arpa comienza el acompañamiento para el solista de oboe toque con más dulzura la melodía principal).

Como puede ver, los pros de tocar este instrumento son también sus contras en cierto modo, pues es grande la responsabilidad en la orquesta, ya que si el arpista se pierde no suele tener a nadie que toque su parte, o que pueda ayudarle de tal forma que pueda volver a integrarse en el discurso musical. Por otro lado, enfrentarse a esa situación y responder positivamente es una de las sensaciones más gratificantes para mí como arpista.

El reto

Para el arpa, tenemos un sinfín de obras que suponen retos interpretativos, pero en esta ocasión, hablaremos de dos en concreto:

Como solista

Una de las obras más aparatosas y emblemáticas de este instrumento es el *Impromptu, op.86,* de Gabriel Fauré, o *El Carnaval de Venecia, op.184,* de Félix Godefroid. Sin embargo, no podríamos dejar fuera la *Sonata para arpa,* de Paul Hindemith.

En orquesta

Debemos mencionar, dentro de los conciertos para arpa y orquesta, *On Willows and Birches,* de John Williams, *Introduccion et Allegro,* de Maurice Ravel o *Danses sacrée et profane,* de Claude Debussy.

El director de orquesta

La figura del director de orquesta nace con Jean-Baptiste Lully en el siglo XVII. Lully fue un reconocido compositor y bailarín de la corte del rey Luis XIV. Compuso muchas obras para ballet, lo cual hacía necesaria la figura de un director de orquesta para que los movimientos de los bailarines se ajustasen a la velocidad de la música y viceversa.

Por esta razón, Lully, primer director de orquesta reconocido, marcaba el pulso, o lo que es lo mismo en términos más coloquiales, la velocidad de la obra, con una pesada vara de hierro. Esta vara metálica era golpeada en el suelo indicando así la velocidad. Desgraciadamente, en un efusivo momento de la obra, Lully golpeó con fuerza la vara, pero en esta ocasión no golpeó el suelo sino que se le clavó en el pie, ocasionándole una terrible gangrena que terminó con su vida meses más tarde. Pobre Lully, ¡qué final tan trágico tuvo el primer director de orquesta!

Gracias a Lully, podemos comprender la primera de las funciones elementales del director de orquesta: unificar pulsaciones. Cada músico, al ser una persona independiente del resto y con una personalidad y sentimientos individuales, va a sentir la música de una manera y velocidad determinada. Es función primordial del director de orquesta unificar esos sentimientos y velocidades de todos los músicos en uno solo. Todos tienen que tocar a la misma velocidad, al mismo *tempo*, con la misma pulsación. El director de orquesta es el mago que unifica las pulsaciones internas de cada músico para que la orquesta no sea una multiplicidad de sentimientos y pulsaciones, sino para que la orquesta sea un único instrumento y una única pulsación.

Un siglo después, con la llegada del Clasicismo, y con él la llegada de la orquesta clásica de mayores dimensiones, hizo más necesaria esta figura con la misma función de unificar el pulso y que todos los músicos tocasen a la misma velocidad. La figura del director era absolutamente necesaria, sobre todo en las óperas. Todos recordamos imágenes o hemos leído anécdotas de Mozart dirigiendo sus propias óperas.

Con la llegada del Romanticismo (s. XIX) y la ampliación de las orquestas, la función del director es imprescindible. Recuerde, estimado lector, que en el Romanticismo nos encontramos la orquesta sinfónica con todos los instrumentos de viento madera, viento metal, percusión y un número mucho mayor de instrumentos de cuerda en escena.

En este momento, en el siglo XIX, es cuando la figura del director de orquesta toma un mayor protagonismo. La famosa vara metálica de Lully ya ha sido cambiada por un pequeño palo de madera, al que llamamos batuta. Con la batuta, que es como una extensión del brazo para que todos los músicos le puedan ver perfectamente, el director sigue realizando su función principal de marcar el pulso de la obra, pero ahora también, debido a la cantidad de instrumentos, el director es el encargado de equilibrar el sonido de la orquesta para que los trombones no suenen más que los violines. Habrá leído, admirado lector, cómo en capítulos anteriores Jorge (percusión) o David (trombón) se quejaban de que muchas veces el director les dice que tienen que tocar menos fuerte… todo por el bien de una orquesta con un sonido equilibrado.

El hecho de que el director se sitúe en el centro de la orquesta no es fortuito. No es lo mismo cómo escucha a la orquesta un contrabajista, que está situado en el extremo derecho, que un flautista, que está dentro de la orquesta con la cuerda delante y el viento metal detrás. Esa posición centrada del director de orquesta le permite escuchar perfectamente todas las voces, y por ende, el resultado final que recibirá el público.

Mucha gente me pregunta para qué sirve el director de orquesta, si nadie le mira y todos los músicos tienen la partitura delante. Como he mencionado en la introducción, los músicos van al ensayo con la partitura estudiada, de tal manera que cuando están en un ensayo o concierto, el músico de orquesta tiene una mirada periférica. Es decir, que aunque parezca que solo miran la partitura, realmente tienen la visión periférica, que les permite ver los gestos del director y reaccionar según los movimientos que este realice.

El director de orquesta, a través de sus gestos, indica si una sección o la orquesta entera debe tocar más *piano* (flojo) o más *forte* (fuerte). Indica si unas notas se deben tocar con mayor o menor dulzura, haciendo referencia al carácter de la música en un determinado momento.

En esencia, en la partitura de los músicos están todas las notas, pero no está lo más importante, que es cómo deben ser tocadas esas notas para que suenen en correspondencia al resto de músicos de la orquesta. Esa instrucción de cómo tocar cada nota la da el director desde su gesto, sus manos, su mirada, su posición corporal, controlando a todos y cada uno de los músicos que tiene delante.

Lo más difícil de un director de orquesta no es marcar el pulso o equilibrar el sonido, sino saber gestionar todas las energías de un grupo de músicos para que no haya una multiplicidad de energías, sino para que la orquesta sea un único instrumento formado por muchas personas. Por este motivo, aunque hayas ensayado mucho y hayas podido decir muchas cosas importantes durante los ensayos, el día del concierto es único, porque el director de orquesta es el canalizador de todas las energías creando la unidad de la orquesta, buscando la sonoridad perfecta en el aquí y el ahora.

Glosario

- **Afinación**: afinar significa dar el sonido exacto. Todos sabemos que el sonido es vibración. Pues bien, cada nota tiene un número determinado de vibraciones, por ejemplo la nota la que toca el oboe cuando la orquesta va a afinar, vibra a 442 hercios (Hz). Cuando el resto de instrumentos tocan su instrumento al mismo tiempo que el oboe, lo que buscan es que su instrumento vibre también a 442 Hz para que estén afinados. Un músico no suele saber mucho de Hz, pero sí escucha perfectamente si un sonido está afinado o no. Si la nota la vibra a 442 Hz, y la nota sol vibra a 393 Hz. Si un músico toca la a 442 Hz y luego sol a 400 Hz, el músico no sabe a cuántos Hz está tocando, pero escucha perfectamente que la nota sol está desafinada.

- **Agudo**: muchas veces he escuchado referirse a un sonido agudo como un sonido alto, incluso fino. Pues bien, el término correcto es agudo y se refiere a sonidos que tienen una vibración (hercios, Hz) muy rápida. A partir de 1000 Hz podríamos considerar que son sonidos agudos*. Para que nos hagamos una idea, el sonido de un timbre de una bicicleta o el chillido de un niño serían sonidos agudos*. No confundir con el volumen (fuerte-flojo), que aunque el chillido del niño nos pueda dejar sordos por la gran potencia que tienen, hay sonidos agudos* que pueden sonar flojo, como el timbre de la bicicleta.

- **Armonía**: llamamos armonía a la música que suena en vertical, o sea, el conjunto de sonidos diferentes que toca cada instrumento de la orquesta al mismo tiempo. Pongamos un ejemplo: imagínese que el oboe está tocando la melodía principal, la melodía que más se distingue, la que silbamos cuando salimos del concierto, y la cuerda está tocando al mismo tiempo otras notas, la armonía. Estas notas diríamos que ayudan a que la melodía del oboe se escuche más bonita y armoniosa.
- **Armónicos**: véase serie armónica.
- **Arpegio:** un arpegio es cuando solo tocamos las notas principales de una escala, esto es, la primera, la tercera y la quinta.
- **Bisel**: pieza de la flauta que está en la embocadura, con un borde rígido y afilado donde choca el aire produciendo vibración, así el sonido.
- **Doble lengüeta**: la lengüeta o caña es una tira fina, generalmente de bambú, por medio de la cual al soplar se produce la vibración del aire y con ella el sonido. En la familia de viento madera tenemos instrumentos de lengüeta simple, como el clarinete, en el que solo hay una tira fina bien limada y apoyada sobre la boquilla. En el caso del oboe y el fagot, se utiliza doble lengüeta*, más conocida como doble caña. En este caso utilizamos dos tiras finas sujetadas con hilo en un pequeño cono metálico para que queden una tira contra la otra, y al soplar la vibración de estas dos tiras provoque la vibración también del aire y con ella el sonido.

- **Efe**: las efes de los instrumentos de cuerda frotada son esos orificios que tienen todos los instrumentos de esta familia en la tapa frontal por donde sale el sonido. Al tener estos orificios forma de f, se les denomina «efes».

- **Escala**: una escala musical es la sucesión ordenada de sonidos que parte de una nota y llega hasta esa misma nota vibrando al doble de Hz. La escala musical más utilizada en nuestro sistema musical occidental es la diatónica y tiene siete sonidos: do re mi fa sol la si. Tras el sonido si volveríamos al do, pero este sería más agudo que el primer do, y vibraría al doble de Hz; es lo que llamamos la octava. Do (261 hz) re mi fa sol la si do (522 hz).

- **Fanfarria**: agrupación musical formada únicamente con instrumentos de viento metal y percusión. Particularmente importante en el siglo XIX, coincidiendo con la fuerte influencia de la música militar.

- **Grave**: en cuanto al término «grave», ocurre lo mismo que con «agudo». He escuchado a mucha gente referirse a los sonidos graves como bajos o fuertes, y no es así. Mi primo es bajo y fuerte, pero no tiene una voz grave. Un sonido grave es opuesto al sonido agudo, o sea que la vibración (Hercios, Hz) del sonido es lenta. Podemos considerar sonidos graves aquellos que vibren por debajo de 300 Hz. Podríamos decir que el claxon de un camión o el motor de un tractor produce un sonido grave.

- **Legato**: utilizamos esta palabra para referirnos a la expresividad de una melodía o fragmento musical, en el que tenemos que intentar hacer todas las notas ligadas, como si fuesen en una única respiración.
- **Luthier**: llamamos *luthier* a la persona que fabrica o arregla instrumentos de cuerda frotada y pulsada.
- **Llaves**: las llaves son las piezas que nos encontramos en los instrumentos de viento y que sirven para cerrar los agujeros, y así producir diferentes notas musicales según haya unos agujeros u otros abiertos.
- **Multifónicos**: cuando un instrumento, que en principio solo puede tocar una melodía —o sea, que es monofónico—, a través de una técnica compleja produce varios sonidos al mismo tiempo. Por ejemplo, en los instrumentos de viento metal podría ser cantar una melodía con la garganta al mismo tiempo que toca otra melodía diferente con el instrumento.
- **Pica**: vara metálica que se extrae del interior de la parte inferior del violonchelo y sirve para que esta sea quien se apoye en el suelo y sujete al instrumento. La pica se puede sacar más o menos para poder ajustar la altura del violonchelo a cada violonchelista. Gracias a la pica, la madera del instrumento nunca está en contacto con el suelo.
- **Pistones**: son los botones que tiene la trompeta y que utilizan para producir otros sonidos.
- **Registro**: hablamos de registro cuando nos referimos a una zona determinada de frecuencia en la producción de sonido de un instrumento. Un instrumento puede pertenecer al registro grave o al registro agudo.

- **Resina**: todos conocemos esa sustancia pegajosa que sale de los árboles, ¿verdad? Pues bien, esta sustancia en contacto con el aire se solidifica. Una vez solidificada se frota por las cerdas de los arcos de los instrumentos de cuerda frotada, quedándose el polvo residual sobre las crines y así, cuando pasamos las cerdas del arco por las cuerdas del instrumento, estas se agarran y la hacen vibrar.

- **Serie armónica**: la serie físico armónica es una reacción física ante una onda de vibración. Dicho de manera más simple, la serie armónica son aquellos sonidos que surgen de un sonido generador. Cuando tocamos el sonido do, es realmente una onda que vibra a 130 Hz. Esa onda, al cabo de un tiempo (muy breve) se divide en dos y aparece un nuevo sonido vibrando a 261 Hz, esto es el do agudo. Tras esta división, la onda inicial se vuelve a dividir, ahora en 3/2 produciendo un nuevo sonido que vibra a 392 Hz. Esto es sol más agudo, y así sucesivamente hasta alcanzar un número limitado de sonidos. Podríamos decir que los sonidos que secundarios o armónicos de do serían: do-sol-do-mi-sol-si bemol-do-re. Estos sonidos de la serie armónica son ondas derivadas del sonido inicial, por lo que en muchas ocasiones estos sonidos secundarios o derivados no se oyen. A esta serie de sonidos secundarios —casi fantasmas, porque existen, pero no se oyen— que se desprenden de un sonido generador, que es el que sí se oye, es lo que llamamos la serie armónica. Por este motivo, cuando los instrumentos de viento metal nos dicen que solo pueden tocar los sonidos de la serie armónica, se refieren a que solo pueden tocar los sonidos que pertenecen a la división físico-armónica de su tubo, y podrán hacer sonar esos sonidos secundarios dependiendo de la presión que ejerzan al soplar. Debido a esta limitación, las trompas, por ejemplo, pasaron de ser un único tubo a un tubo con llaves que les permitiese tocar todas las notas de la escala.

- **Tesitura**: utilizamos este término para referirnos a la cantidad de notas que puede tocar un instrumento. Cuando decimos que un instrumento tiene una tesitura muy grande es que puede tocar muchas notas. Hay instrumentos que tienen una tesitura más limitada que otros; por ejemplo, el oboe tiene una tesitura más limitada que el clarinete. ¿Qué quiere decir esto? Pues que el clarinete puede tocar más notas en el registro grave y agudo que el oboe. Mientras que el oboe solo llega al do que vibra a 261 Hz, el clarinete puede llegar al do que vibra a 130 Hz.

- **Timbre:** es el sonido característico de un instrumento. El timbre es lo que nos permite distinguir si ha sonado una flauta o un violín. En la vida cotidiana también encontramos timbres diferentes que nos permiten diferenciar si lo que ha pasado por la carretera es un coche o un autobús. Lo diferenciamos por el timbre, el sonido característico de cada vehículo.

- **Trino:** adorno musical que se produce al tocar rápida y sucesivamente una nota y su nota inmediatamente superior. DOreDOreDOreDOreDOreDO. De esta manera diríamos que hemos realizado un trino sobre la nota do.

Patrocinio

**CAMERAT
MUSICALI**
ORQUESTA SINFÓNI

Este libro está patrocinado por la Orquesta Sinfónica Camerata Musicalis.

La Orquesta Sinfónica Camerata Musicalis nace en 2004 con el firme propósito de hacer la música clásica accesible a todos los públicos y desarrollar una visión de concierto novedosa y personal.

Desde el año 2015 lleva a cabo su proyecto *¿Por qué es especial?*, un novedoso espectáculo que tiene por objetivo acercar la música clásica a nuevos públicos mediante un transgresor formato de concierto cargado de sentido del humor en la primera parte y una rigurosa interpretación en la segunda.

⊕ Web: **www.cameratamusicalis.com**
✉ E-mail: **info@cameratamusicalis.com**

Autores para la formación

C🖊nferencias
EDITATUM

Editatum y **GuíaBurros** te acercan a tus autores favoritos para ofrecerte el servicio de formación GuíaBurros.

Charlas, conferencias y cursos muy prácticos para eventos y formaciones de tu organización.

Autores de referencia, con buena capacidad de comunicación, sentido del humor y destreza para sorprender al auditorio con prácticos análisis, consejos y enfoques que saben imprimir en cada una de sus ponencias.

Conferencias, charlas y cursos que representan un entretenido proceso de aprendizaje vinculado a las más variadas temáticas y disciplinas, destinadas a satisfacer cualquier inquietud por aprender.

Consulta nuestra amplia propuesta en **www.editatumconferencias.com** y organiza eventos de interés para tus asistentes con los mejores profesionales de cada materia.

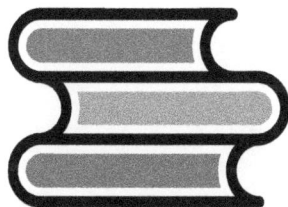

Nuestras colecciones

Guías para todos aquellos que deseen ampliar sus conocimientos sobre asuntos específicos, grandes personajes, épocas, culturas, religiones, etc., ofreciendo al lector una amplia y rica visión de cada una de las temáticas, accesibles a todos los lectores.

Guías para gestionar con éxito un negocio, vender un producto, servicio o causa o emprender. Pautas para dirigir un equipo de trabajo, crear una campaña de *marketing* o ejercer un estilo adecuado de liderazgo, etc.

Guías para optimizar la tecnología, aprender a escribir un blog de calidad, sacarle el máximo partido a tu móvil. Orientaciones para un buen posicionamiento SEO, para cautivar desde Facebook, Twitter, Instagram, etc.

Guías para crecer. Cómo crear un blog de calidad, conseguir un ascenso o desarrollar tus habilidades de comunicación. Herramientas para mantenerte motivado, enseñarte a decir NO o descubrirte las claves del éxito, etc.

Guías prácticas dirigidas a la salud y el bienestar. Cómo gestionar mejor tu tiempo, aprenderás a desconectar o adelgazar comiendo en la oficina. Estrategias para mantenerte joven, ofrecer tu mejor imagen y preservar tu salud física y mental, etc.

Guías prácticas para la vida doméstica. Consejos para evitar el *cyberbulling*, crear un huerto urbano o gestionar tus emociones. Orientaciones para decorar reciclando, cocinar para eventos o mantener entretenido a tu hijo, etc.

Guías prácticas dirigidas a todas aquellas actividades que no son trabajo ni tareas domésticas esenciales. Juegos, viajes, en definitiva, hobbies que nos hacen disfrutar de nuestro tiempo libre.

Guías para aprender o perfeccionar nuestra técnica en deportes o actividades físicas escritas por los mejores profesionales de la forma más instructiva y sencilla posible,